学习内驱力

你的孩子可以自主学习

李素娟 / 著

古吴轩出版社

图书在版编目（CIP）数据

学习内驱力：你的孩子可以自主学习 / 李素娟著
. -- 苏州：古吴轩出版社，2021.9（2023.4重印）
ISBN 978-7-5546-1813-4

Ⅰ．①学… Ⅱ．①李… Ⅲ．①学习方法－家庭教育
Ⅳ．①G791②G78

中国版本图书馆CIP数据核字（2021）第189598号

责任编辑：顾　熙
见习编辑：唐孟阳
策　　划：马剑涛　汲鑫欣
特约编辑：杨晓静
装帧设计：尧丽设计

书　　名：学习内驱力：你的孩子可以自主学习
著　　者：李素娟
出版发行：古吴轩出版社
　　　　　　地址：苏州市八达街118号苏州新闻大厦30F
　　　　　　电话：0512-65233679　　邮编：215123
印　　刷：唐山市铭诚印刷有限公司
开　　本：880×1230　　1/32
印　　张：5
字　　数：95千字
版　　次：2021年9月第1版
印　　次：2023年4月第2次印刷
书　　号：ISBN 978-7-5546-1813-4
定　　价：36.00元

如有印装质量问题，请与印刷厂联系。022-69236860

父母要做孩子成长之路上的教练

一位教育工作者的心声

　　陪孩子写作业，是当下中国家庭教育中的一个典型场景。这个场景，还反映出了一些值得我们深思的问题。

　　在生活节奏越来越快的当下，中国的父母是否有足够的时间停下来思考"教育"二字的真正含义？是否能够在令人焦虑的教育环境中想一想，我们到底要把孩子培养成一个什么样的人？

　　有一次，我从外地出差回来，下了高铁之后在出租车待客区排队等车。当时所在城市的气温骤降，还下了雨，排队等车的人很多，队伍在缓慢前行。排在我前面的是一对中年女士，她俩边等车边聊天，因为聊天的内容涉及家庭教育，所以引起了我的注意。

　　其中一位女士讲起了她姐姐家的孩子，说孩子的父母因为平常工作比较忙，孩子在小学和初中阶段，父母很少顾及，只有当孩子成绩下降时，才拼命地让孩子去参加各种补习班，但收效甚微。于是，父母便开始批评和责骂孩子，结果孩子的成绩下滑更厉害。初三下半学期，孩子开始出现撒谎、叛逆和厌学等行为。因为即将面临中考，家长对孩子的状况又很焦虑，便想方设法带孩子去看心理医生，这引起了孩子的极度反感，不愿再跟父母进行交流。

身边的人知道孩子与父母之间的这种状况后，想从中进行调解，有一次，当这位女士与孩子沟通时，孩子说了一番让她吃惊的话："姨妈，我觉得我的父母不关心我过得开不开心，不关心我真正想要什么，只关心我有没有拿回好的成绩单，能不能考上好大学。我觉得自己活得不像一个人，而像父母的一件工具，当我出现问题时，他们就拿去修一修。"

这位女士讲到这里时，情绪有些激动，而旁边的另一位女士感叹道："唉，这孩子太不懂事了，孩子真的不能缺乏管教，否则就是大麻烦！"

对于这样的结论，我愕然。

在回家的出租车上，她们的那段谈话总是出现在我脑海中。我相信肯定不是所有的家长都把孩子成长中的问题归结为"不懂事"或者"麻烦"。但作为家长，我们到底明不明白，什么是真正的教育？

什么是教育？

在"Education"一词中，"E"是向外的意思，"duca"是引导的意思，"tion"是名词后缀。所以，教育就是把孩子最真实的一面向外引导出来，而不是让他长为父母希望的样子。

每个孩子都是一粒种子、一个独立的个体，只要外界对其进行合理的浇灌，在阳光的照耀下，当温度合适时，这粒种子就能生根、发芽、成长、开花、结果。

作为父母，首先要知道孩子是一粒什么样的种子，他的性格如何，有哪些爱好和特长等，然后根据科学的方法因材施教，并在孩子的整个成长过程中，多加鼓励，这样就能让孩子长成他本来的样子。

人们都说："可怜天下父母心。"然而在父母心和孩子心当中，还应该架起一座沟通的桥梁。沟通的前提是，父母要先学会读懂孩子。只有读懂了孩子，父母才能避免粗暴地规划孩子的未来。当读懂了孩子后，父母自然会与孩子站在共同解决问题的战线上。

教育要有科学的方法，我们要相信：教育中出现的任何问题都会有解决的方法和流程，陪孩子学习也是一样的。本书用八章的内容，展示了孩子在学习时可能会出现的各种问题，同时也给出了相应的"锦囊妙计"，供大家学习和参考。

真正的教育，其实是引导孩子向上生长，而父母就是孩子成长道路上的教练。至于孩子的未来，只属于他自己。正如纪伯伦的诗中提到的：

你的儿女，其实不是你的儿女。

他们是生命对于自身渴望而诞生的孩子。

他们借助你来到这世界，却非因你而来，

他们在你身旁，却并不属于你。

你可以给予他们的是你的爱，却不是你的想法，

因为他们有自己的思想。

你可以庇护的是他们的身体，却不是他们的灵魂，

因为他们的灵魂属于明天，属于你做梦也无法到达的

明天……

河北知德立行教育科技集团创始人　赵恒智

教人育己，与孩子一起成长

一位家长的感悟 ··•

教育是什么？

教育是教人育己的陪伴，是生命点亮生命的灯火，是从兴趣到智趣的引领，是一个让生命内心有爱、眼中有光、对未来充满希望的价值呈现。

如何教？如何育？如何陪伴？相信一百个人就有一百种答案。在如今的二胎、三胎时代，你会发现同一个家庭中，每个孩子的被陪伴的方式各有不同。无论家长选择哪种高质量的陪伴方式，都是对家长自我成长的一次挑战。

记得在一次学霸分享会上，一位被清华、北大同时录取的男孩，在高考之后也被国内顶尖的企业邀请去进行深度参访。作为家长，你在非常羡慕的同时，一定会好奇：是什么样的教育方式让孩子成长得如此优秀？后来，男孩的父亲分享了他的"放养式教育"，也谈到了处于同样的"放养式教育"环境中的妹妹在学习上却没有哥哥这般出众。

当然成长的路有很多条，不是唯有获得高分才有出路。学习的目的是为我们创造更多的选择权。过去，下海的人靠的是胆量，如今越来越多的孩子在大学期间就已体验过创业甚至是多次创业，而且很多孩子也会利用大学这个平台不断提升自己的学历水平，让自己有更多维度的视野和认知，有更多优化的思维模式和成长经历。

作为父母，育儿观的树立很可能直接决定孩子未来的成长路径。不断提高育儿能力，提升育儿商已成为当今父母纷纷学习、持续成长的原动力。

如何高质量地陪伴孩子，让孩子高效地学习，启动孩子的内驱力，让孩子在学习成长中提高决断力、幸福力和创造力，需要家长在教育中进行更多维的思考。

教育也是照见自己、锻炼自己和"育见自己"的过程。而当下就是所有梦想的起点，父母要助力孩子顺利迈出第一步。相信您读完此书后，再陪伴孩子学习时，就会宛如手中拥有了一剂良药，心中点亮了一盏明灯。

早期教育推崇者，家庭教育践行者　马田

目录

第 *1* 章

你的陪伴越用心，
孩子的自主学习能力就越强

父母耐心陪，孩子更爱学

"风在吼，马在叫，家长在咆哮，家长在咆哮，楼上楼下都在咆哮……"这就是很多父母陪孩子写作业时会出现的情景。实际上，陪孩子写作业拼的并不是父母的能力，而是父母的耐心。谁的耐心足，谁家的孩子就更愿意自主学习，学习的后劲儿也更大。

有这样两个家庭：父母都是学霸，孩子却都是班里的后进生。上一年级时，两个孩子的成绩不相上下。到了三年级，小强依然是后进生，但牛牛已经成为班级里的中等生了，还被老师称为"潜力股"。

眼看着本来在同一起跑线的牛牛现在远远地把小强抛到身后，小强妈妈非常焦虑，急忙找牛牛妈妈取经。

"我明明那么用心地辅导他写作业，可是他的逆反心理越来越强烈，每天都因为写作业和我大喊大叫……"小强妈妈倾诉着她三年来的陪写"辛酸史"。

"其实我们家孩子一开始也是这样，后来才慢慢有了点儿变化。"

"哦，您是怎么做到的呢？是有什么独家'育子秘方'吗？"小强妈妈心中燃起了希望。

"我可没什么'育子秘方'，只是承认现状，把他当一个差生辅导。别人每天做三套练习题，我们就只做一套甚至是半套，别人每天背诵一首古诗，我们每天只背诵一句。整个一年级，我的重点都放在了培养孩子的自主学习能力上。到二年级时，孩子进入学习状态了，即便没有我的监督也会主动学习，我这才稍微提高了作业要求。现在我们家孩子虽然无法和班级里的学霸相比，但总算是能跟上大部队了。"

小强妈妈听了感慨道："和您这种'佛系大师'相比，我简直就是个'咆哮者'啊！"原来，由于小强成绩差，小强妈妈每天都盯着小强写作业，还要求小强高质量完成所有任务。可是小强好像故意和她唱反调，不是字写不好，就是错误率太高，母子俩天天因为写作业而大吵大闹。现在小强上三年级了，她也效仿其他家长，对小强的作业放手，可谁知她一放手，小强就像断了线的风筝找不到方向，完全没有自主学习的能力。

小强这样的后进生是怎样"炼成"的呢？入学前，他们也是父母心目中的天才宝贝，可是入学后，他们因为各种原因没能跟上学习大军，今天落一点儿，明天落一点儿，越落越多，逐渐变成了后进生。其实，这些孩子并不笨，只是对知识的接受能力差了一点儿，需要更多的肯定和时间，有的孩子可能到五六年级甚至中学时才找到学习的窍门。很多中小学老师都反映，有的孩子平时不显山不露水的，却在某一年的某个阶段突然变得优秀，惊艳了所有人，这就是因为他们开窍了。虽然速度有点儿慢，但为时并不晚。

很多教育家认为，教育应该是一个慢活，成年人教得慢一点儿，孩子就能学得稳一点儿。在稳步前进之中，孩子更容易拥有自主学习的能力。

那么，我们该如何陪伴孩子学习呢？

要对孩子有耐心。

对孩子有耐心，是允许孩子在学习的过程中出错，并等待孩子自己发现错误、改正错误，而不是刚看到孩子写错一个字就大吼大叫，并扬言"再写错一个字，这个月的零花钱就没了"等。即便孩子没有及时发现错误，我们也不必大发雷霆，而是指出孩子的错误，让孩子慢慢改正，一点儿一点儿养成自主学习的好习惯。

　　对孩子有耐心，是相信孩子能够凭借自己的能力完成作业。每个孩子都有自己解决学习和作业中的问题的能力，只是有的孩子需要更多时间而已。一旦成功，他们收获的不只是一个答案，还有自主学习的能力。

　　对孩子有耐心，还表现在给孩子讲解知识和题目方面。有的父母给孩子讲题时把孩子当作成年人对待，认为自己只要讲一遍孩子就能听懂，可是当他们感觉自己是在对牛弹琴时，就会忍不住火冒三丈，责骂孩子"太笨""太傻"。这种陪伴学习的方式不但无效，而且还会打击孩子的自尊心和自信心，让孩子对学习失去热情。正确的做法是什么呢？先弄清楚孩子的知识盲点，然后用不同的方式给孩子讲解，不断启发孩子，让孩子恍然大悟。

　　我们应该尊重孩子的人生，顺应孩子的天性，接纳孩子、相信孩子，让孩子在摸索中慢慢学会自主学习，成为健康快乐、热爱学习的好少年。

没时间有没时间的陪法

当很多父母在抱怨"我上辈子造了什么孽，这辈子要陪孩子写作业"时，有的父母却向他们投来羡慕的目光。为什么呢？因为有的父母根本腾不出时间来陪孩子写作业。

小艾妈妈在一家娱乐活动公司工作，一年三百六十五天有两百多天都在加班、出差，陪孩子写作业是一件非常奢侈的事情。最让她烦恼的是，自从小艾上三年级之后，班主任老师已经不止一次提醒她："小艾的学习状态不好，您在家要多辅导啊！"每次听到这句话，她的心都像被针扎一样。有人劝她："父母还是要多关注一下孩子，不能把所有的心思都放在工作上。"但是，放弃工作陪孩子是解决问题的好办法吗？孩子只有依靠父母的陪伴和辅导才能好好学习吗？

　　作为父母的我们都知道，学习、写作业本来就是孩子自己的事情，父母只是起辅助作用。父母要想让孩子足履实地，就要让他从小扛起自己的担子。父母有工作、养家的责任，孩子有学习、照顾自己的责任，大家各自承担自己的责任，家庭会更和谐、美好。如果父母既要赚钱养家又要全力帮孩子学习，孩子就会心安理得地把所有问题都推给父母，这种亲子相处模式只会透支父母的精力，剥夺孩子自我磨炼的机会。

　　时间充裕的父母的确可以多给孩子一些帮助，但没时间的父母也不用过于自责，正好趁此机会让孩子努力适应独立完成作业。无论我们采用什么方法、花多长时间陪孩子，毕竟目的只有一个——培养孩子自主学习的能力。

　　那么，没时间的父母到底该如何让孩子学会自主学习呢？

　　有位妈妈经常上夜班，孩子还没有放学时，她就已经急急忙忙地去上班了。不过每天临走前，她总会在孩子的书桌上放一张精心绘制的卡片，上面写着自己对孩子爱的叮嘱，有时还会写上几句诗、一个谜语等。孩子每天放学后都对这张卡片充满期待，享受着妈妈给自己的惊喜。在母爱的陪伴下，这个孩子渐渐拥有了自主学习的意识和能力，写作业十分认真，几乎没让妈妈操过心。

除了向孩子传达关爱以外，还可以通过小卡片或者电话向孩子传达一些注意事项，让孩子在独自学习时也能收到我们的提醒，养成良好的学习习惯。

平时没时间陪孩子学习的父母，可以把心思放在周末和假期上。比如，周末多花一些时间和孩子一起复习功课，让孩子温故知新，或者指导孩子归纳、总结学过的知识，让孩子建立起知识体系，学得更扎实。

对于经济宽裕的家庭，可以考虑给孩子请一位合适的家庭教师。不过一些资深教师发现一个现象：有家庭教师陪伴的孩子虽然作业完成得很好，但成绩并不都是优异的。这是因为家庭教师可以帮助孩子解决难题，却不一定能让孩子养成自主学习的好习惯。所以，我们不能完全把孩子交给家庭教师，要抽时间扮演好父母这个角色，要"为子女计深远"，帮助孩子养成良好的学习习惯。

总而言之，如果我们没时间陪孩子，就要用良好的沟通方式和爱帮助孩子树立独立自主意识，强化孩子自主学习的能力。这不仅对孩子的学习很有帮助，对孩子的成长也非常重要。

你认真学习的样子是孩子最好的榜样

孩子是成年人的缩影，孩子身上的缺点也是我们自己的缺点，我们教训孩子的话也应该是教训自己的话。也就是说，我们大人是什么样子，孩子就很有可能长成什么样子。父母想让孩子出类拔萃，那么自己也要努力成为人中龙凤，做孩子的好榜样。

可是很多父母并非如此。他们一面要求孩子好好学习、天天向上，另一面却在工作中滥竽充数、得过且过；他们下班就打游戏、刷手机，却告诉孩子学习是人生中最重要的事情；他们自己泡在麻将馆里消遣，却命令孩子乖乖在家里写作业……很多孩子因此抱怨道："这不公平！"

长此以往，在孩子看来，他们之所以不能像父母一样玩儿游戏、刷手机、得过且过等，只因为自己还是个孩子，等长大了就可以了。这是非常严重的错误影响，要想让孩子养成自主学习、努力学习的好习惯，我们就要用自己认真学习的样子影响孩子、感染孩子。

很多父母抱怨说："我上了一天班已经很累了，下班后就不能轻轻松松地玩儿手机、打游戏吗？"

父母也要学习的理由有两个：一是要以身作则，用自己的主动学习引导孩子自主学习；二是社会在变化，知识在更新，只有不断学习才能跟上时代的步伐，让孩子明白"活到老学到老"的道理。

那么，我们如何兼顾陪伴孩子和学习这两件事情呢？

琳琳是一个标准的"别人家的孩子"，写作业独立、认真，自主学习能力强，考试成绩优异，学习几乎从来不用父母操心。很多人都羡慕琳琳妈妈，纷纷向她请教"育子心经"。琳琳妈妈谦虚地说："我哪有什么'育子心经'，我很少辅导琳琳学习。"

"怎么可能？琳琳那么优秀，你真的一点儿忙都没有帮过吗？"其他同学的家长难以置信地说。

"琳琳一直都是自己写作业、自己学习的，除非遇到很难的题目才会向我求助。"琳琳妈妈说。

有位家长很想借鉴琳琳妈妈的教育方法，于是特意去他们家做客。当她走进琳琳家的书房后发现，这里除了书架之外，还放着琳琳的书桌和琳琳妈妈的办公桌。

"你们平时经常一起'工作'吗?"这位家长好奇地问道。

"对呀,她写作业的时候我也没闲着,不是加班就是看书。我们各自做自己的事情,谁也不打扰谁。"琳琳妈妈说。

这位家长明白了,琳琳妈妈根本不需要修炼什么"育子心经",因为她努力工作、学习的样子就是孩子最好的榜样。确实如此,每次琳琳写作业期间回头看向妈妈时,总能看到一个勤奋的身影,正是妈妈这勤奋的身影激励着她更加用心地完成自己的作业。可以说,琳琳妈妈这种以身作则的陪伴方法,胜过千百次的说教。

所以,父母的工作态度也能间接影响孩子的学习态度。父母遇事退缩、推卸责任,孩子在学习时也会遇难则退、依赖性强;父母迎难而上、积极工作,孩子更容易形成自主学习的意识,学习会更积极、更热情。

很多职场父母辅导孩子学习的时间并不多,但他们工作时一丝不苟,闲暇时努力提升自己,向孩子展示了认真的工作态度和积极进取的上进心,这能让孩子耳濡目染,树立正确的学习态度。所以,父母要努力"修身",用自己的学习态度和工作成就给孩子做榜样,让孩子成为更好的自己。

只有打破"知识诅咒"，才能正确辅导孩子

　　大家听说过"恐辅症"这种"病"吗？"患者"多为中小学孩子的父母，"症状"是一辅导孩子写作业就情绪失控、胸闷气短，孩子完成作业后，"症状"很快消失。大数据显示，我国平均每天约有 78% 的父母陪孩子写作业，其中 50% 会犯"恐辅症"，个别人还会出现危及生命的并发症，如高血压、心肌梗死等。为什么辅导孩子写作业会让父母"犯病"呢？这是因为大家中了"知识诅咒"的毒。

　　"知识诅咒"的意思是：当我们熟悉某种知识后，就很难想象不熟悉它是什么状态。简而言之，就是人们对知识、信息等掌握的程度不同，理解上就会产生较大的差距。比如，一位教授给刚入大学的学生上课，他站在讲台上滔滔不绝地讲着自己认为十分浅显的知识，台下的学生却像听天书一般。可见，师生双方对知识的掌握程度不同，在交流上就会出现巨大障碍。很多父母辅导孩子写作业时就

是这种状态。他们觉得题目很简单，但孩子就是不会；他们觉得自己讲得很清楚，但孩子就是听不懂——于是一场"亲子大战"就爆发了。

"不就是一道计算题吗？真的有那么难吗？你到底有没有认真听我讲啊？"小智妈妈无奈地吼叫着。一道两位数乘以两位数的计算题，她已经给儿子讲了五遍了，但儿子还是不会解答。

"我认真听了，可还是不懂啊！"小智气鼓鼓地说，"是您讲得太不好了！"

"明明是你自己听不懂，现在反而怪我！我真应该和你们数学老师好好聊一聊，看看你上数学课的时候到底在干什么！"妈妈大声说道。

"随便！反正我认真听讲了！"小智也不甘示弱。

小智妈妈真的给数学老师打了一通电话询问小智上课的状态，结果数学老师说："他听得很认真啊！"

"那就奇怪了！为什么他不会算两位数的乘法呢？"

"我们今天刚开始学两位数乘法，有的同学掌握得不扎实很正常，明天我们还会继续讲解的。"数学老师淡定地说。

小智妈妈听了老师的话后慢慢冷静下来，原来除了小智之外，班里还有其他同学没有掌握这种运算方法。她重新拿起小智的数学课本认真学习了一番，努力回想着自己刚开始学乘法时的感受：当时自己也觉得这种计算题很难，学了大约两个星期才掌握了。她开始反思自己的行为，重新整理思路继续和儿子沟通。

"如果两位数乘以两位数太难，我们先试一试两位数乘以一位数吧……"

小智看妈妈的怒气消了，自己也不生气了，开始认真听妈妈讲解，很快就打开了思路，学会了两位数乘以两位数的运算方法。

可见，父母要想提升陪孩子学习的效果，就要打破"知识诅咒"。

首先，我们要读懂课本，思考相关知识的重点和难点。如果自己把握不准，可以与老师沟通。有的父母说："这些知识我们一看就懂，还有什么可研究的？"其实，父母读课本并不是为了重新学习知识，而是为了了解这个知识点是在培养或者强化孩子的哪一种能力和思维等，这样我们在辅导孩子学习时才能心中有数。

其次，我们要先降低认知层次了解孩子的所思所想，把知识与孩子的认知水平相结合，思考孩子的学习盲点或者问题在哪里。然后我们要有目的地询问孩子的学习细节、思考过程等，这样才能有的放矢。

最后，我们要用孩子能够理解的语言和方式引导他们慢慢打开思路，发现问题并解决它。在这个过程中，我们要把攻克难点的主动权交给孩子，让孩子根据我们的指引主动思考、积极攻坚。当孩子靠自己的能力掌握了一个知识点后，会产生强烈的成就感，从而更喜欢自主学习、独立学习。

打破"知识诅咒"的目的是让父母站在孩子的角度思考孩子遇到的问题，这样更容易发现孩子的优点和不足，从而有针对性地帮助孩子爱上学习，养成自主学习的好习惯。

别带着坏情绪陪孩子写作业

　　大家听说过"踢猫效应"吗？这是一个非常著名的心理学理论，指的是坏情绪会像病毒一样迅速传播，最终导致最弱小的一方受到伤害。

　　我们用一则故事来讲述这个理论。

　　有一天，一位男士因工作不顺受到上级的批评，他带着一腔怒火回到家，看到孩子坐在地上玩耍，于是没好气地训斥了孩子一顿。孩子觉得很委屈，但不敢和爸爸顶嘴，于是踢了一脚卧在身边的猫。猫受到欺负后连忙逃跑，孩子就在后面追，一直追到屋外的马路上。这时，一辆大卡车驶来，司机不忍心撞伤猫，于是紧急打转方向盘，却一不留神撞伤了追赶猫的孩子。父母肆意释放自己的坏情绪，结果却让弱小的孩子买了单，这就是"踢猫效应"。

现实中有些父母就是"踢猫分子"。他们在生活中、工作中受了委屈，不知道如何排解心中的不快，于是就拿孩子撒气。有的父母甚至带着坏情绪陪孩子写作业，这不但没能帮到孩子，反而给孩子带来了很大的精神压力和心理伤害。

娇娇爸爸与同事发生矛盾，回家后心情一直不好。

"爸爸，我有一道题不会做，您能给我讲讲吗？"女儿娇娇向他求助。

他知道自己的情绪不好，本想让妻子去帮忙，可是妻子正在厨房忙着做饭，他只好硬着头皮辅导女儿写作业。

"我没听懂，您能再讲一遍吗？"娇娇恳求道。

他只好耐着性子又讲了一遍。可是讲完两遍后，娇娇还是似懂非懂。

"你是猪脑子吗？这么简单的题目都不懂！"他没控制好自己的情绪，冲女儿发火了。

娇娇委屈地低下头，不敢再和爸爸对视。

这时，正在厨房忙碌的妈妈来了，她看出爸爸心情不好，于是提议由自己辅导女儿写作业，这才平息了一场家庭风波。

很多父母没有意识到，当自己带着情绪辅导孩子写作业时，孩子不但要面对较大的学习压力，还要战战兢兢地应对父母可能随时爆发的坏脾气。这种陪孩子写作业的方式就是帮倒忙，不但无法培养孩子的自主学习能力，还会让孩子厌恶学习，厌恶亲子沟通。

那么，当我们产生坏情绪时该如何辅导孩子写作业呢？

陪孩子写作业之前，我们要先调整好自己的情绪，无论在外面受到多大的委屈，都要耐着性子和孩子相处。

控制坏情绪的确不容易，当我们成功压制住怒火为孩子辅导完功课后，要把这个过程分享给孩子。我们可以这样对孩子说："当你因为马虎算错题时，我本来想训斥你一顿，但是我害怕伤害你，所以忍住了。你的表现也不错，我还没有提醒你，你就把错误改正了。今天我们两个都做得很好。"这句话传达的信息是：父母给孩子辅导作业很不容易，既要给孩子讲解知识，还要控制自己的情绪以免伤害孩子。孩子收到信息后会明白，学习不能依赖父母，如果自己主动、独立地学习，就能给父母减轻很多负担。

父母总有心情烦躁的时候，但在孩子面前控制情绪是我们的基本修养。要想让孩子自主学习、快乐学习，我们就要先自主控制情绪，恰当释放情绪，更好地和孩子相处。

第2章

陪孩子学习前的"正确姿势"：
先建立和谐的亲子关系

好好商量，孩子也能主动写作业

对于写作业这件事，孩子们的表现大致分为三类：第一类是需要父母不断催促甚至责骂才会心不甘情不愿地写作业；第二类是父母催一两遍就会写作业，但主动意识不强；第三类是不需要父母催促也会主动写作业。前两类孩子的父母不禁疑惑：为什么别人家的孩子会主动写作业，而我们家的孩子非要被打着骂着才会写作业呢？

妙妙刚上一年级时很兴奋，因为自己成了一名小学生，不再是幼儿园的小朋友了。但开学后的第一周她就很不开心，因为妈妈每天都在催她写作业。

她每天放学回到家后听到的第一句话就是："快点儿写作业！"如果她稍微慢了一点儿，或者先做了一件其他事情，妈妈就会说："你已经是小学生了，不能再这么磨磨蹭蹭的，要抓紧时间写作业，不然学习会跟不上的！"

如果她抗议，妈妈就会直接把她拉到书桌前，盯着她把作业写完。妈妈完全没有意识到，妙妙每多写一个字，心里就多讨厌作业一分。

整个一年级，妙妙都是在妈妈的催促和训斥声中开始写作业的。渐渐地，她习惯了这种亲子相处模式，回家后从不主动思考作业的事情，只在妈妈气急败坏地催促后才开始写作业。妈妈的催促成了她的闹钟。

在妙妙适应了这种生活后，妈妈开始抗议了。有一天，她又一次催妙妙写作业，但妙妙充耳不闻，非要玩儿够了才写作业。妈妈火冒三丈，大声训斥道："写作业明明是你自己的事情，你就不能主动一点儿吗？为什么每次都要我操心？"她觉得很疲惫、很无奈，但妙妙却习以为常，意识不到自己的任何问题。

生活中像妙妙妈妈一样的父母不在少数，他们从一开始就用错了方法，在孩子并未表示不写作业的情况下急忙催促、训斥孩子写作业，破坏了孩子主动写作业的意识。

教育一定要鼓励孩子的自主发展，让孩子自己去发现、探索，产生主动意识。写作业也是如此，孩子的主动意识越强，自主学习能力就越强。那如何才能激发孩子的主动意识呢？当然是好好商量，友好沟通。

三催四请不如简单提醒。比如，孩子回家后未主动写作业，而是玩儿起了玩具或者看起了电视，如果我们说的不是"你怎么还不去写作业"，而是"累了就先休息一下，不过别忘了写作业哦"，效果将会大相径庭。后一句话传递给孩子两个信息：第一，我知道你累了，可以暂时休息一下；第二，你可以自己安排作业时间，只要别忘了写作业就好。这既是对孩子的安慰和关爱，也是对孩子的信任，更容易激发孩子主动学习的意识。

与孩子沟通时，我们要心平气和地商量，而不是愤怒地命令。有的父母面对不主动写作业的孩子时总会习惯性地说"我警告你，再不写作业我就……"，孩子听了这句话后，由于害怕和不安只得放下手里的事情去写作业。而带着这种情绪去学习，效果往往不会很理想。如果我们说的是"你想什么时候写作业呢？是再玩儿十分钟还是现在就去？"，孩子听了就会主动思考写作业的事情，并在"再玩儿十分钟"和"现在就写"之间做出选择，或者自己安排作业时间。这种沟通方式既能避免一场亲子大战，也会培养孩子的主动意识，让孩子学会自主安排学习事宜。

"一句话能成事，一句话也能坏事。"要想帮助孩子养成自主学习的好习惯，我们就要好好和孩子商量，把话说到孩子的心坎儿里，让孩子学会主动学习。

陪孩子学习之前，先营造活跃的气氛

　　学习是一件很有意义的事情，但不可否认这也是一件很辛苦的事情，所以有的孩子不喜欢学习，不爱写作业。作为孩子的引路人，父母有责任帮助孩子爱上学习、主动学习。

　　很多孩子一提到作业就眉头紧锁，然后带着抵触心理去完成。这种写作业的方式既降低了孩子学习的热情，也让孩子的学习效果大打折扣。

　　露露回家后放下书包就打开电视，她最喜欢的动画片开始了。其实之前妈妈不允许她一回家就看电视，但每次阻止之后母女俩都闹得很不愉快，露露经常带着怒气关掉电视去学习。这也导致露露的学习效果不佳，不是磨磨蹭蹭就是错误百出，最后还会被妈妈训斥一顿。母女俩几乎每天都在经历着争吵—写作业—争吵的恶性循环。

露露妈妈并未意识到这件事与自己有关，直到有一次她去朋友家做客时才发现自己的问题。

原来，朋友家有一个和露露差不多大的男孩，非常调皮，放学后不是先写作业，而是拿出乐高积木玩儿。露露妈妈以为朋友会批评孩子，没想到朋友却习以为常，根本不在意。

"你家孩子一回来就玩儿，你都不管他吗？"露露妈妈疑惑地问。

"这有什么可管的，他玩儿一会儿就会去写作业的。"

露露妈妈起初还不相信，可是半个多小时后，孩子真的放下玩具主动去写作业了。

"你家孩子真是太棒了，居然会主动写作业！"露露妈妈惊讶地说。

"孩子玩儿尽兴了，自然就会主动写作业，而且学习效率更高呢。"朋友笑道。

露露妈妈很受启发，回想自己与女儿的"作业大战"，认识到自己的行为不太妥当。第二天，露露妈妈不但没有阻止露露看电视，而且还坐在旁边陪她一起看，露露别提有多高兴了。

动画片结束后，露露自觉地去写作业了，根本不用妈妈催促。露露妈妈看了看表，原来两集动画片只有二十三分钟，她却为了这二十三分钟和女儿争吵了一个多月，害得女儿每天都带着怒火写作业，真是得不偿失。

心理学家耶克斯和多得森认为情绪会影响人们的行为。当孩子处于愤怒状态时，学习效率会大大降低；而当孩子感到愉悦时，思维更敏捷，注意力更集中，学习效率会更高。所以，我们要想让孩子主动学习、高效学习，就要想办法让孩子带着好心情去学习。

爱玩儿是孩子的天性，经过一天的学习后，孩子们都想好好放松一下再写作业。如果父母压制孩子的天性，逼迫孩子一回家就写作业，不但无法让孩子养成自主学习的好习惯，还可能让孩子厌恶学习。相反，如果我们让孩子玩儿一会儿再学习，孩子的压力得到释放、大脑得到放松，主动意识会更强，学习效率也会更高。

不过，我们要尽量引导孩子玩儿一些安静的游戏，而不是剧烈的体育运动，否则孩子会消耗太多体力，导致学习时无精打采、精力不集中。

除了玩儿游戏，我们还可以通过聊天的方式为孩子创造轻松愉悦的氛围。比如，聊一聊孩子学校发生的趣事，说一说我们今天的工作内容，谈一谈孩子感兴趣的话题等，帮孩子缓解精神压力，来为接下来的学习任务做好准备。

"优秀连击"，夸得孩子爱上学习

　　我国教育家陶行知认为，要想把孩子教育好，就要信任孩子。而我们向孩子传递信任感的方式就是夸奖和认可。很多父母抱怨说："为什么我批评了那么多次，孩子就是不改正呢？"教育家认为，假如你把批评改为夸奖，也许只说两遍孩子就改正了。

　　多多上四年级了，但依然没有自主学习的意识，每天都要妈妈不断催促才肯写作业。妈妈一想到这件事就一个头两个大，她不断反省，到底是自己的教育方法出了问题，还是孩子真的不是学习的料呢？

　　无奈之下，多多妈妈决定向老师请教。

　　"老师，我骂也骂了，打也打了，为什么孩子一点儿学习的主动性都没有呢？"

　　老师建议说："既然打骂没有用，那您就多夸夸孩子吧，我在学校也多鼓励她，也许会有效果。"

多多妈妈抱着"死马当活马医"的心态，决定再试一试。

这天，多多回家后依然没有主动写作业，但妈妈并没有像之前那样责骂她。

过了一会儿，多多主动把课堂上的语文测试卷拿给妈妈看，虽然只得了 62 分，妈妈却认真地说："默写古诗的题目你全部答对了，看来你最近很用心地背诵古诗了呀！"

多多听了这话，有点儿高兴，说："对呀，复习的时候我专门把要求背诵的古诗抄写了两遍呢！"

"你的作文也有进步，以前只能写 100 多字，现在能写 200 多字了。"多多妈妈看着试卷淡定地说，其实她的内心是崩溃的，因为多多现在的水平相当于二年级的水平。

"嗯，最近我一直在练习写作文，还背诵过几篇不错的文章呢，可是我背诵的文章和这次的作文题目没有关系……"多多认真地说。

多多妈妈这才知道，原来自己眼中的后进生一直在默默地努力，孩子需要的不是批评和打击，而是更多的鼓励和信任。

从此，多多妈妈开启了夸奖模式。当多多做一些与学习相关的事情时，妈妈就夸她"爱学习"；当多多拿起笔写作业时，妈妈就夸她"真自觉"。在妈妈的"优秀连击"下，多多对学习越来越上心，写作业的主动性越来越强了。经过一年的努力，多多写作业再也不用妈妈催促了，而且她的语文成绩已经从班里的"垫底生"变成"潜力股"了。

一位具有二十多年教学经验的老师说，越是成绩差的学生越希望得到鼓励，如果老师或者家长夸对了，孩子就会产生很强的成就感，内心深处的学习动力也就被激发出来了。

夸奖孩子并不是一件简单的事情，有的父母连孩子的优点都找不到，根本无从夸起。所以我们要用赏识的眼光去发现孩子身上的优点和闪光点。

但为了不让孩子在赞扬中迷失自我，我们也要给孩子一点儿恰到好处的批评。如何把握夸奖和批评的度呢？一位教师的建议是："八分夸奖，两分批评。"表扬多于批评，孩子更容易认可自己，产生主动学习的意识。表扬中加入少许批评，孩子更容易发现自己的弱势，从而主动弥补不足，取得更大进步。

以引导为目的的表扬更能激发孩子的学习主动性。有的父母以为，我们批评孩子的哪方面，孩子的哪方面就会有所改善。实际上，这种方式只对一小部分孩子有效，对大部分孩子而言，我们表扬他的哪方面，他的哪方面才会进步。如果我们想要让孩子主动学习、自主写作业，就要用夸奖的方式让孩子产生自主学习的意识，并且继续朝着这个方向努力。

当孩子主动写作业时，我们应该说"你已经学会主动写作业啦，真是太棒了，要再接再厉哟"。当孩子凭借自己的本事解出一道难题时，我们应该说"你都能自主解答难题啦，学习会越来越棒的"。夸奖孩子并不是为了讨孩子欢心，而是让孩子把注意力和学习热情放在更准确的点上，这样能获得更大的进步。

有人说："老师的一句夸赞胜过父母的千句批评。"其实，孩子无论处于哪个年龄段都渴望得到父母的夸赞和认可，要想让孩子养成自主学习的好习惯，就多夸夸孩子吧。

学会示弱，给孩子讲作业的机会

　　心理学家经过研究发现，很多人都喜欢向他人展示自己强大的一面，以此获得别人的尊重或者敬畏。有些父母在教育孩子时就喜欢示强，可是有的孩子逆反心理强，偏要和父母对着干，导致父母的教育效果很不理想。要想让孩子学会自主学习，我们就要有策略地向孩子示弱，让孩子在学习上占有主导地位，产生主动学习的积极性。

　　笑笑是个自主学习能力很强的女孩，因为她的妈妈经常在她面前示弱，使得她不得不自己管理作业。

　　每天放学后，很多父母都像主人一样给孩子安排学习任务，笑笑妈妈却总是说："今天老师留作业了吗？留了些什么作业？"

　　笑笑听了，就边回忆边翻书包，把各科老师布置的作业一项一项地说给妈妈听。

"语文要写一篇日记，数学有一张试卷，英语要抄写第三单元的单词，其他科目今天没有作业。"

"数学试卷难吗？我能看一看吗？"妈妈又说。

"嗯，我大致看了一遍，最后两道应用题有点儿难。"笑笑边说边把试卷递给妈妈。

妈妈接过试卷看了看，点头说道："是的，这两道题的确挺难的，我都没什么思路。"

笑笑听了自信地说："虽然很难，不过我要试一试，万一能解答出来呢！"

"好吧，反正你的数学比我强多了。"妈妈十分认可她的说法。

妈妈见她开始写作业了，就说："你真是太棒了，那你好好写吧，我就不打扰了。"说着就去做饭了。

笑笑冲妈妈笑了笑，低头写起作业来。

笑笑妈妈其实是在用示弱的方式让孩子主动把作业内容讲述出来，并引导孩子分析作业的难易程度等，让孩子在写作业之前做到心中有数。虽然她没有像其他父母那样坐在孩子的旁边"监视"孩子写作业，但从孩子对作业的分析来看，她已经知道孩子完全可以依靠自己的力量把作业解决掉。这样的方式既给足了孩子信任，激发了孩子的学习主动性，也让父母自身得到解放，有更多时间做自己的事情。

孩子学习的理想状态应该像草原上的狮子，随时准备着追捕猎物，向外界传递着"我很强，我可以"的信号，而不应像沙漠里的骆驼，无论吃、喝、行走，都要等着主人发号施令。我们想让孩子成为"狮子"，在辅导孩子写作业时就要"乖巧、听话"，心甘情愿地做衬托孩子的绿叶。

所谓"乖巧、听话"，就是乖乖地听孩子讲述作业、分析作业，并在适当的时候表达自己的观点，而不是命令孩子按照自己的要求去做。如果孩子对作业的分析有误，我们可以和孩子展开讨论，但不是以强大的气势压倒孩子，而是用平和的语气引导孩子纠正错误，让孩子看到自己强大的力量，这样孩子才会主动学习、自主学习。

不比较，让孩子更爱学

老话说"孩子是自己的好"，可是现实生活中很多父母却更喜欢"别人家的孩子"，还动不动就拿自家孩子和"别人家的孩子"进行比较，公然在他人面前吐槽自家孩子的缺点。父母本来想以此教育孩子学会谦虚，或者激励孩子取长补短，殊不知这种行为严重打击了孩子的自信，很可能让孩子丧失学习的积极性。

今天有位同学的父母来家里做客，悠悠听着大人们的谈话，心里很不是滋味。

"悠悠真不错，刚放学就主动写作业去了。"同学的父母夸赞道。

"有客人时她才会这样装样子，平时都是一进门就看电视的。"悠悠妈妈笑着说。

虽然妈妈说的都是实话，但悠悠听了很不痛快，心想：

"我好不容易主动写一次作业，您不夸我也就算了，怎么还故意拆穿我呢？"悠悠干脆放下书本，偷偷在门缝旁听大人们的对话。

"你家孩子写作业的速度可真快，悠悠写作业就像绣花一样，磨磨蹭蹭的。"

"你家孩子可认真了，悠悠马虎得不得了。"

"你家孩子真……"

听了妈妈的吐槽，悠悠觉得自己真是糟糕透了，浑身上下没有一个优点。其实，她对妈妈也挺不满意的。比如，她认为自己的妈妈没有其他同学的妈妈漂亮，也不如其他同学的妈妈温柔。可是她从来没向妈妈抱怨过，甚至没有在同学们面前说过妈妈一句坏话。奇怪的是，妈妈向别人吐槽自己时却一点儿都不介意。悠悠越想越觉得不公平，于是决定今天和妈妈正面对抗一次。

客人走后，妈妈发现悠悠只写了两行字，于是生气地说："你今天怎么写得这么慢？"

"我本来就又磨蹭又马虎，学习又不主动啊！"悠悠没好气地说。

"你知道自己有这些缺点为什么还不改正，哪像×××……"

妈妈的话还没有说完，悠悠就阴阳怪气地说："没办法呀，谁让我的妈妈没有×××的妈妈优秀呢！"

妈妈听了这话顿时气得火冒三丈，和悠悠理论起来。悠悠也不甘示弱，将自己对妈妈的不满一股脑儿地都说了出来，母女俩吵得不可开交。

很多孩子分不清玩笑和实话，对于父母的评价，他们总是坚信不疑。父母随口的一句批评会深深地刻在孩子的心里，让孩子对自己产生怀疑，对父母感到不满。教育家发现，经常被比较的孩子内心更自卑，性格更叛逆，不但自主学习意识差，还不懂得感恩。因为在他们看来，无论自己做什么都得不到父母的认可，既然如此，又何必再努力呢？

很多老师都认为，成功的教育应该是因材施教。"别人家的孩子"之所以出类拔萃，是因为别人家的父母用对了方法，让孩子走对了路。我们不应该粗暴地让自己的孩子向别人家的孩子学习，而应该先从自己做起，认真思考自己的教育方法，并将之消化、改善为适合自家孩子的教育方法，引导孩子进步。

既然不能比较，那我们该如何激励孩子向其他同龄人学习，并取得更大的进步呢？

近朱者赤，近墨者黑。如果我们想让孩子向自主学习能力强的孩子学习，可以鼓励孩子去结交这样的朋友，并在日常相处中学习这位朋友的好习惯、好方法等。这种方法会让孩子在潜移默化中取得进步，虽然速度比较慢，但对孩子的身心发展更有利。

不比较，但可以实话实说。我们发现孩子的不足之处后，不需要使用与他人比较的方式刺激他，而应该就事论事，开诚布公地和孩子讨论解决问题的方法，这样可以让孩子更清晰地认识自己。

总之，想让孩子爱学、好学、自主学习，就不要拿孩子的缺点与他人的优点进行比较，而应该无条件地接纳不完美的孩子，用正确的方法引导孩子，让孩子成为更好的自己。

第 3 章

孩子不想学——换种方式
激发孩子学习的热情

孩子都会了，那就换个"写"法

如果孩子问："我为什么要写作业？"我们可以借鉴老师给出的答案："因为写作业可以检验你在课堂上的学习情况，帮你巩固学过的知识，提升你的学习能力。"

如果孩子又问："假如课堂上的知识我都学会了，是不是就可以不用写作业了？"有的父母可能会不假思索地答道："是的。"他们认为既然孩子都会了，就没必要再花费大量时间写作业。其实事情远没有这么简单。

今天，昊昊写作业的时候向妈妈提了一个问题："我明明都会了，为什么还要写作业？"

妈妈知道，昊昊的学习基础的确不错，难度不大的题目都能自己解决，便说道："如果你觉得写作业没有必要，也可以不写，但要保证学习不会退步。"

"好耶！"昊昊听了这话兴奋得不得了，立刻扔下书本玩儿去了。

一连几天，昊昊都没有认真写过作业，妈妈有点儿担心，因为昊昊的"课堂小测"成绩有了小幅下降。这天昊昊放学后，妈妈本想和他谈一谈写作业的事情，可是昊昊一到家就对她说："妈妈，我还是好好写作业吧。今天老师都批评我了，说我写作业不积极，所以'课堂小测'的错误率比以前高。"

"可是，你不是已经掌握课堂知识了吗？"妈妈问道，她想知道昊昊的问题到底出在哪里。

"会是会了，但还不太熟练……"昊昊红着脸说。

妈妈这才明白，原来昊昊口中的"会了"是这么一回事。

巩固、复习知识可以强化、深化孩子对知识的理解和运用，这一点古今中外的教育家都十分认可。春秋时期的孔子说"学而时习之"，学习就要边学边复习、巩固。19 世纪俄国的教育家乌申斯基认为巩固知识是"学习之母"，而写作业就是巩固知识的一种有效方法。如果孩子能够做到自主写作业，巩固知识的效果会更好。

当孩子自信地认为已经掌握了课堂知识，并因此拒绝写作业时，我们要先了解孩子的学习效果，然后根据具体情况和孩子共同商讨出更好的写作业方式。

大家可以尝试以下两种方法。第一种，就相关知识向孩子提问，看看孩子能否快速、准确地说出答案。第二种，让孩子叙述课堂知识，看看孩子是否清晰地记住了知识点，并将其详细、准确地讲述出来。

　　倘若孩子已经将字词、单词这类知识掌握得十分牢固，可以酌情少写或者不写相关的作业。如果作业是简单的练习题，我们可以建议孩子根据自己的水平进行选择性练习。比如，一眼就知道答案的题目可以不写，而需要思考之后才知道解答方法的题目需要着重练习。

　　有的父母认为，即便是已经牢固掌握的知识，如果不加强练习也可能生疏。别担心，我们可以换个"写"法——变书面作业为随意作业。对于抄写作业或者简单的练习题，我们可以让孩子用手指随意画一画，大声说一说，或者认真看一看，不动笔也能起到巩固效果，还减轻了孩子的负担。不过，父母需要注意，孩子没完成作业很可能会受到老师的批评，所以我们要提前就孩子的作业情况与老师沟通，争取获得老师的理解。

　　如果孩子已经学会了知识，但应用起来并不熟练，我们就要建议孩子认真完成作业。此外，我们还要引导孩子自主了解自己对知识的掌握情况，从而激发孩子的学习主动性，让孩子自主学习，有计划地高效写作业。

放下"高压政策"，孩子才不会厌学

北京大学一位教授的统计数据显示，该校每届新生中约有 30% 的人会产生厌学情绪。很多父母知道这个情况后十分不解：学霸怎么可能厌学呢？教育专家却说，厌学与成绩好坏无关，而是孩子对学习失去了兴趣和动力。一旦孩子产生厌学情绪，就会抗拒与学习相关的很多事情，包括写作业。

平平最近越来越讨厌学习，上课听不进去，回家也不想写作业，不过在妈妈的强势"镇压"下，她只能硬着头皮写完作业。

这天，妈妈接到班主任的电话，原来是平平写作业时偷工减料、不认真。平平放学回家后，妈妈生气地训斥她："你怎么能应付作业呢，难道作业是给别人写的吗？"

"我不想写作业！"平平大声抗议道。

"你敢！我告诉你，你不但要完成今天的作业，还要把昨天的作业也补齐，否则……"

"否则怎样？我不就是只有一天没好好写作业吗？有这么严重吗？"平平哭着喊道。

"你还有理了？作为学生，好好写作业是你的责任，一天都不能马虎！"妈妈理直气壮地说。

"别说了！我写就是了！"平平不想再和妈妈争吵下去，便抱起书包跑进房间。她觉得妈妈根本不爱她，只把她当作一个写作业的工具。她讨厌现在的妈妈，讨厌写作业，更讨厌学习，心情糟糕透了。

当孩子厌学、不想写作业时，采取"高压政策"大多行不通。因为孩子的情绪很容易受到外界刺激，大声训斥、强行压制会让孩子惊慌失措、紧张不安，很难激发孩子的学习热情。有的父母说："'高压政策'还是有效果的，孩子能听话好几天。"殊不知孩子是面服心不服，因为他们处于弱势，所以只能以沉默的方式与父母进行对抗。久而久之，孩子很容易变得"当面一套，背后一套"——在父母的高压下假装认真写作业，一旦脱离父母的监管就会为所欲为。"高压政策"是对孩子的不尊重，会压抑孩子的学习主动性，甚至影响孩子的思维发展，让孩子对父母、家庭失去信任。

那我们该如何做呢？心理学家认为，轻声细语、循序疏通才是正道。当孩子厌学时，我们要放下架子，温柔、平等、友好地与孩子进行沟通。具体沟通什么呢？一是了解孩子厌学的原因，便于对症下药；二是走进孩子的内心世界，以知心朋友的身份帮助孩子改善厌学情绪。

有的孩子厌学，是因为他们不知道学习的意义，认为每天围绕课本、作业和考试转是一件非常乏味的事情。我们要通过讲故事、开阔眼界等方法，让孩子明白学习并不只是为了写作业和考试，更是为了不断汲取知识和技能，从而不断地认识自我、提升自我，让自己的人生更精彩。当孩子意识到学习的美好意义后就会产生积极性，主动学习，自主学习。

有的孩子厌学，是因为他们基础较差，写作业时经常受挫。我们要想提高这类孩子的学习热情，就要慢慢帮孩子弥补学习中的不足。这是一个漫长的过程，我们不能操之过急，否则会让孩子更加厌学。

除了沟通之外，我们还要为孩子创造相对自由的生活和学习环境，让孩子在我们的引导下自行安排生活和学习事宜，而不是强迫孩子对我们言听计从。总而言之，父母取消"高压政策"，让孩子感受到信任、自由和关爱，孩子才能主动学习。

莫让孩子跟着不写作业的歪风走

很多孩子喜欢跟风，有的跟风追星，有的跟风追剧，有的跟风穿名牌，还有的跟风不写作业。无论孩子跟的是哪股风，从心理学角度来看都属于从众效应，也就是人们常说的"随大溜"。如果孩子随大溜不写作业，我们如何才能把孩子引回正道呢？

今天一回家，小艾就嘟着嘴问妈妈："为什么别人可以不写作业，而我不可以？"

"怎么，你们班有不写作业的同学吗？"妈妈问道。

"对呀，有好几个呢！他们几乎每天都不写作业。我也不想写。"

"你知道他们为什么不写作业吗？"妈妈又问。

小艾摇摇头，说："不知道，大概就是不想写吧。"

"无论他们不写作业的原因是什么，你都不应该跟着学。"妈妈说。

"为什么？"小艾觉得这不公平。

妈妈没有正面回答她，而是给她讲了一个笑话。爷孙俩去市场卖驴。起初孙子骑着驴，老人牵着驴。走着走着，有个人说："这孩子太不懂事了，怎么能让老人牵驴呢？"孙子一听，觉得有道理，就让爷爷骑驴，自己牵驴。走着走着，又有一个人说："这个老人太不像话，怎么能虐待孩子呢？"爷孙俩听了这话，又决定一起骑驴前行，可是有人却责怪他们"虐待驴"。他俩不想被人说"虐待驴"，只好一起牵着驴走，可是又被人嘲笑说："这两个傻瓜，有驴不骑，居然自己走路。"爷孙俩彻底没辙了，最后想出一个"好"主意：抬着驴走。

小艾听了笑话不禁笑出声来。

妈妈问她："你笑什么？"

"这两个人可真傻，别人说什么他们都听！"小艾说。

"对呀，别人说什么、做什么是别人的事情，我们不用照听照办，只要做好自己该做的事情就可以了。"妈妈提醒她说。

小艾点点头，说："我知道了，我也不应该随意学别人的行为，应该好好写作业。"

妈妈听了这话十分欣慰。

跟风是一种非常普遍的心理，其产生的作用有积极和消极之分。有些跟风会产生积极作用，让人们精神振奋，做出有利于自己、家庭和社会的事情。有些跟风会产生消极作用，让人们精神颓废，做出不利于自己的事情，甚至危害社会。孩子跟风不写作业，产生的作用就是消极的。比如，会导致孩子成绩下降，会让孩子变得懒惰，容易让孩子失去学习热情，等等。

孩子们跟着不写作业的歪风走，也是一种自我意识不强的表现。孩子之所以缺乏自我意识，很大原因是父母造成的。我们对孩子的关注过多、干预过多、控制过多，孩子的自主意识没有得到锻炼，就会慢慢失去自我，形成墙头草性格。因此，我们要适当放手，让孩子自主学习、自主做事。

很多父母担心：孩子年纪小、经验少，如果我们放手了，孩子可能会做出错误的决定、走弯路，怎么办？我们所说的放手并非对孩子不管不顾，而是在放手的同时向孩子传递正确的观念，让孩子在大多数时候都能做出正确的决定。如果孩子拥有正确的学习观，自然不会跟风不写作业。

不过，自我意识短时间内无法形成。当孩子跟风不写作业时，我们要平等地与孩子进行交流，让孩子意识到这种行为的错误之处并主动改正。

　　首先，我们要和孩子一起分析其他同学不写作业的原因。这些孩子要么成绩优异到不需要写作业，要么生性懒惰不爱写作业，要么学习效率低完不成作业。第一种情况非常罕见，因为成绩优异的孩子大多数会积极、主动完成作业。后两种情况较多，但都不是值得孩子学习的榜样。

　　其次，我们要分析孩子的学习情况，让孩子对自己的学习水平有清晰的认识。当孩子意识到自己没有优秀到不需要写作业时，就会产生强烈的自主学习意识，从而主动写作业，努力学习。

拖延症这样治，孩子"痊愈"了

很多父母反映，现在的孩子拖延症太严重了，写作业磨磨蹭蹭，做事慢慢悠悠，连上个厕所都要花很长时间。心理学家说："拖延也是'病'，得赶紧治。"如果不及时治疗，孩子会养成能拖就拖的坏习惯，现在可能是学习拖延，未来可能是工作拖延，这会使孩子的人生比积极主动的同龄人少几分精彩。

妙妙的其他方面都好，就是写作业太磨叽了！别人一个小时就能完成的作业，她需要两个小时才能写完。今天各科老师布置的作业有点儿多，妙妙写到晚上九点多都没写完。

"赶紧睡觉吧，不然明天上课会没有精神的。"妈妈说。

"可是，我的作业还没有写完呢！老师会批评我的！"妙妙着急地说。

　　"没写完也不能写了，谁让你速度这么慢的！"妈妈想借这个机会让她明白磨蹭的代价。

　　第二天，妙妙果然被老师批评了，她埋怨妈妈："都怪您，如果再给我一个小时，我肯定能把作业写完！"

　　妈妈并没有生气，而是告诉她一组数据："我最近调查了你们班同学写作业的时间，有30%的同学不到一个小时就能完成，50%的同学一个半小时能完成，只有20%的同学超过两个小时才能完成。你就属于这20%中的一名。"

　　妙妙悄悄算了算，他们班一共四十二个人，20%大约是八个人，这也就意味着，她写作业的速度在班里已经是倒数八名之一了！

　　"真是太丢人了！"妙妙十分羞愧。从此，她一回家就抓紧时间写作业，再也不像以往那样慢悠悠的了。

　　孩子写作业拖延的原因有很多。比如，缺乏时间观念，写作业时注意力不集中，故意拖延时间，等等。我们只有找准孩子拖延的原因，才能用对方法，"药"到"病"除。

　　对于缺乏时间观念的孩子，我们要做好两件事情。第一件事情是：与孩子共同制作时间表，让孩子将放学后的时间安排得更加合理，提高写作业的效率。第二件事情是：建议孩子使用计时器，激发孩子快速写作业的积极性。

对于写作业时注意力不集中的孩子，我们要想办法帮助他们减少干扰因素。比如，孩子写作业时我们不要大声说话，不要看电视，不要来回在孩子身边走动，不要随意和孩子说话等。此外，我们要尽量让孩子的书桌保持整洁，不要放置过多杂物吸引孩子的注意力。我们还要多关注孩子写作业时的状态，发现孩子走神时及时提醒，以免耽误写作业时间。

如果孩子故意拖延时间，我们就要自我反省了。孩子在什么情况下才会故意拖延写作业的时间呢？很多时候除了老师布置的家庭作业之外，孩子还要完成父母布置的额外作业。为了少写一些作业，他们便故意放慢速度，一直拖到睡觉前才把作业写完，久而久之就养成了拖延的坏习惯。对于这类孩子，我们要用娱乐时间激发他们的学习热情。比如，我们给孩子立个规矩，只要完成老师布置的作业，剩下的时间就可以自己支配。孩子为了多玩儿一会儿，就会主动抓紧时间写作业，自然不会再被拖延症困扰。

孩子学习偏科，可用有趣的知识来纠正

据相关数据统计，小学生偏科的人数比例达到 20%，中学生偏科的人数比例高达 70%。可见，偏科是十分普遍的现象。孩子一旦出现偏科，可能连相关科目的作业都懒得写，令父母十分头疼。

金玲才上四年级就出现偏科现象了，她不喜欢数学，对数学作业经常应付了事。

对此，金玲爸爸无所谓地说："偏科就偏科吧，反正闺女的语文和英语成绩都不错，'取长补短'，以后也能考上大学。"

可是金玲妈妈不这么认为，她深知如果数学成绩不好，以后学习物理、化学、地理等时也会很吃力。她认为当务之急是赶紧帮孩子补习数学。

可是从何处着手呢？如果从头开始恶补，估计金玲的厌学情绪会更高，于是她决定用激发孩子学习主动性的方

式引导孩子自主学习、努力补习。

这天，妈妈在厨房烙饼，金玲跑来帮忙。她问妈妈："烙一张饼要多长时间？"

"大约两分钟，正面一分钟，反面一分钟。"妈妈又趁机问她，"如果锅里一次只能烙两张饼，那我烙三张饼最短用多长时间？"

"这个嘛，我得好好想一想。"金玲认真地思考了一会儿，说，"我觉得三分钟就够了。"

"哦？为什么？"妈妈好奇地问。

"首先，把第一张饼和第二张饼一起放进锅里，一分钟后拿出第二张饼，把第三张饼放进锅里，同时把第一张饼翻个面。再过一分钟，第一张饼熟了，把它拿出来，再把第二张饼重新放进锅里，和锅里的第三张饼一起翻个面继续烙一分钟。等这两张饼都熟了，正好用三分钟。"

"你真是太棒了！"妈妈兴奋地说，"我都没有想到这么节省时间的办法，看来你是个潜在的数学学霸呀！"

听了妈妈这话，金玲也对自己的数学学习有了点儿自信。此后，妈妈经常和金玲一起讨论生活中的数学知识，金玲慢慢意识到：原来数学知识也没有那么高深，生活中处处都有数学知识呢。久而久之，金玲不再讨厌数学了，学习数学时变得非常主动、认真。

　　偏科的确是一个很常见的现象，但绝不是一个好现象。父母要尽量帮孩子提升孩子的短板。有的父母认为孩子偏科不代表不优秀，每年清华、北大这些名校都会破格录取一些偏科的学生。可是，能被大学破格录取的偏科生非常少，进入名校的学生大都能在各个科目上都取得好成绩。由此可见，偏科对孩子未来的学习非常不利。

　　有的父母又说，孩子偏科只是因为不喜欢某个科目，不喜欢这件事非常合理，而且很难改变。其实，只要我们认真分析和了解就会发现，孩子偏科大都是外界因素导致的。比如，有的孩子因为不喜欢某个老师而偏科，有的孩子因为在某个科目的学习中未找到正确方法而偏科，还有的孩子是因为父母的影响而偏科。

　　有的父母爱好音乐、文学，对孩子的熏陶就侧重于文学、艺术方面，很少在孩子面前谈及科学、逻辑等方面的知识，使得孩子对数理学科的价值了解得较少，就容易出现偏科现象。反之，有的父母偏好数理学科，不重视提升孩子的艺术、文化素养，导致孩子不喜欢语文、历史等科目。甚至有些家庭的亲子关系不好，孩子还会刻意使自己讨厌父母喜欢的科目。总而言之，偏科并非孩子的自主选择，而是我们没有给孩子正确的引导。

　　要想改变孩子偏科的现象，我们可以把孩子所偏科目的相关知识与生活联系起来，激发孩子的学习主动性。比如，带孩子去天文馆长见识，引导孩子将天文知识与星星、天空等生活中常见的概念结合起来，调动孩子对科学知识的学习热情；或者多向孩子讲述相关科目的趣味知识，让孩子感受到该科目的知识带来的乐趣，从而喜欢上这个科目。

此外，我们要给孩子积极的引导，让孩子明白偏科只是暂时的，只要努力，即便是不喜欢的科目也能取得优异成绩。而多学好一个科目，会让孩子获得更多乐趣和成就感，变得更自信、更爱学习。同时，我们还要引导孩子广泛涉猎，接触多个学科的知识，提升孩子对各个学科的学习兴趣。

除了精神层面的引导，我们还要采取实际行动——孩子哪个科目较差，我们就帮孩子强化哪个科目。从薄弱环节入手，一点儿一点儿地帮助孩子。这是一个缓慢的过程，有的孩子需要一两年，有的孩子需要三四年。父母要根据孩子的具体情况制订一个长期的强化学习计划，让孩子一点儿一点儿进步，变得更全能、更优秀。

第 **4** 章

孩子不会解题——花式引导
助他解决作业中的拦路虎

提问式启发，助孩子找到答案

孩子写作业时遇到难题，父母该如何辅导呢？"省事派"是直接告诉孩子答案，"麻烦派"是通过提问的方式启发孩子自己找到答案。从效率上来看，"省事派"的确省时又高效，但未能引导孩子进行自主思考；"麻烦派"虽然看似效率低，但调动了孩子的学习主动性，也让家庭氛围变得更温馨。

"妈妈，这道题我不会做。"兰兰写数学作业时遇到难题了。

"让我看一看。"妈妈放下手里的事情，认真看了一遍题目，然后问她，"这道题问的是什么？"

兰兰又把题目读了两遍，回答了妈妈的问题。

"今天课堂上学到与这个问题相关的知识点了吗？"妈妈又问。

"学到了。"兰兰拿出课本，翻到今天学习的内容，认真复习了一遍，说，"您看，这道题与课本上的一道练习题很像呢。"

"练习题你会解答吗？"妈妈问道。

"会呀！"兰兰想了想，说，"也许我可以借鉴一下这道练习题的解答方法。"

"我觉得这个办法行得通，你试一试吧。"妈妈鼓励道。

兰兰说着便开始认真研究这两道题目，对比它们的相同点和不同点，然后尝试用学过的方法对那道难题进行解答。兰兰解答题目时，妈妈就静静地坐在一旁看书。不一会儿，兰兰兴奋地说："妈妈，我解答出来了，您看看对不对？"

妈妈认真看了看兰兰的解答过程，笑着说："对，完全正确！"

"哈哈，这道题目也没那么难嘛！"兰兰对自己的表现非常满意。写完数学作业，兰兰又接着写其他作业了。

教育家认为，我们每给孩子讲解一道题目，就剥夺了孩子一次自主学习的机会。所以，当孩子遇到难题时，我们最好不要直接告诉孩子答案，而要一步一步地启发孩子发现答案，而启发孩子的最佳方式就是循序渐进地提问。

那么，我们该如何向孩子提问呢？

第一，引导孩子正确审题。有时孩子是因为看错题目或者没读懂题目才不会解答，所以我们要问孩子"这道题是在问什么"，引导孩子再次审题。

第二，让孩子发现自己的问题所在。孩子不会解答题目，往往是某个知识点没有掌握牢固，或者思考角度出现了问题，我们问一句"你具体哪里不会"，可以帮助孩子重新整理思路，查找知识盲点。

第三，启发孩子找到同类题目。很多题目都是相互联系的，找到同类题目后，孩子就能迅速打开思路。所以我们要问孩子"你做过类似的题目吗"，并引导孩子对比同类题目之间的异同点，找到解答方法。

第四，如果孩子没有做过同类题目，我们可以提出更直接的问题。比如，"与这道题相关的知识点有哪些""哪个知识点能解决这个问题"等，引导孩子将知识点与题目相结合，找到解题思路和方法。

用提问的方式启发孩子解答题目，可以锻炼孩子的思考能力，让孩子在遇到问题时有正确的思考方法，渐渐养成自主思考、自主学习的好习惯。

亲子齐心，再难的题也不是对手

　　作家三毛曾在《守望的天使》中写道："每个人生命中最真最诚的天使是自己的父母，天使终其一生舍尽全力来为自己的孩子挡风遮雨。"在学习方面，父母也应该是为孩子挡风遮雨的天使。当孩子遇到难题时，我们要和孩子并肩作战，让孩子在学习的战场上无后顾之忧。

　　对超超而言，写作业是一件开心的事儿，就算遇到难题，也有全家人助阵。

　　这天，超超写作业时遇到一道棘手的题目——小红去文具店买东西，她用钱的一半买了一个笔记本，又用剩下的钱的一半买了一支铅笔，最后还剩 2 元。小红原来有多少钱？

　　他自己思考了十几分钟都没有思路，于是请爸爸妈妈帮忙。妈妈读了一遍题目，不到一分钟就用未知数的知识点成功把题目解了出来。可是，超超还没有学过一元一次方程呢，这种解法并不适合他。

就在妈妈认真思考如何给超超讲解时，爸爸看了看题目，对超超说："其实这道题目非常简单，你只要换个解题方法就能找到答案了。"

"换什么方法呢？"超超问道。

妈妈也好奇地看着爸爸。

"当然是画图的方法啊！"爸爸说。

"对呀，我怎么没想到呢！"妈妈拍了拍脑门儿笑着说。

妈妈拿起笔，和超超一起画图，刚画完图，超超就知道答案了，他拍着手兴奋地说："哈哈，我知道了，是8元！"

他们又一次齐心协力攻克了一道难题。

亲子共同攻克难题，这种和谐、积极的学习氛围会成为孩子成长过程中美好的回忆，让孩子对学习充满热情，对父母充满爱。有的孩子一见到难题就退缩，是因为他们不相信自己，而对难题缺乏自信的孩子，很大原因是他们的背后没有家长的鼎力支持。这里所讲的支持，并非父母直接告诉孩子答案那么简单，而是一家人齐心协力共同解决一道难题。在这个过程中，孩子的思维和父母的思维相互碰撞，不但能激发孩子对学习的兴趣，还能让亲子关系更加亲密。

那么，我们如何与孩子并肩作战、解决难题呢？

首先，我们要和孩子一起分析题目，共同探讨题目考察的核心知识点。

其次，我们要根据这个核心知识点，和孩子一起找出其他相关知识点，将这些知识点与题目的问题相互联系，寻找解题方法。如果这两点都做到了，我们依然没有发现答案，就可以开启"家庭头脑风暴"，大家围在一起各抒己见，为解答题目贡献自己的想法和建议。在这个过程中，也许某个家庭成员的某个点子就能帮助孩子解决这道难题。

解出题目后，我们可以再为孩子出一道同类题，并让孩子独立解决。这既能考察孩子对这种解题思路的掌握程度，也能锻炼孩子的独立思考能力，进而提升孩子的成就感，激发孩子的自主学习热情。

有了父母的相助和支持，孩子在学习上不怕难题，在生活中不怕打击，即便失败了也能在父母的鼓励和支持下重整旗鼓，扬帆起航。

搜题软件也会帮倒忙

近年来，各种搜题软件在家长群中非常火爆。遇到孩子不会做、父母不会教的题目时，只要将不会做的题目拍照上传，软件就能给出答案。如此看来，这些软件的确帮了孩子和父母不少忙，但真实情况并没有这么乐观。

小凌妈妈最近对某搜题软件爱不释手，只要小凌一遇到不会做的题，她就直接把题目上传到软件，让软件帮忙解答，真是再轻松不过了。可是，该软件也有不给力的时候。

这天，小凌写数学作业时遇到了难题，妈妈照旧让该软件帮忙，可是图片上传后，软件只给出了一个答案，并没有解题过程。小凌妈妈非常气愤，只能自己给孩子讲解题目。最让小凌妈妈无法接受的是，小凌遇到一点儿小问题就求助于该软件，写作业时越来越偷懒。

有一次数学考试，小凌的成绩很不理想，妈妈看着试卷十分不解地说："这些题目你平时不是都做过吗？为什么还会错呢？"

小凌低着头，支支吾吾地说："我都是直接抄的软件上的答案……"

妈妈一听，顿时气不打一处来，可是又不能一味责怪孩子，毕竟是她先依赖该软件的。小凌妈妈吃一堑长一智，从那以后不再轻易使用各种搜题软件，也不允许孩子依赖这类软件。

除了各种搜题软件，很多网络都设置了"难题求解"的平台，让全国各地的学霸们齐集网络为大家答疑解难。一些自主学习能力较强的孩子认为，网络平台的确给他们带来了便利，让他们在有限的时间内解决了更多难题，也掌握了更多解题思路。这类孩子非常自觉，只有遇到非常棘手的题目才会求助于网络平台，对他们而言，这种网络平台就相当于免费家教。可是对那些自觉性不高的孩子而言，这些搜题软件大多时候是在帮倒忙。

这是因为一些搜题软件本身并不完美，存在着题库不足、解析过程不详细、监管不到位等问题。有时孩子遇到难题，将题目上传后得到的只是一个答案，或者几步简单的解答过程，这种搜索结果对孩子的帮助很小。

一般来说，这种软件更适用于父母和自控力较强的高年级孩子。但是由于监管不严，即便是自控力不强的低年级孩子也能登录使用，这也就意味着，一些自主学习能力不佳的孩子会利用搜题软件应付作业。孩子们不用经过思考就得到了答案，无疑是让他们失去了自主思考的机会，这对培养孩子自主学习的好习惯非常不利。

老师们也认为，搜题软件是一把双刃剑，用好了可以促进孩子自主学习、高效学习，用不好就会扼杀孩子的学习积极性，让孩子养成依赖性和懒惰心理。想让搜题软件切实起到好作用，家长的监管非常重要。

首先，我们应该给孩子制定规矩，让孩子知道何种情况下可以借助搜题软件，何种情况下只能自己思考。比如对于一般难度的题目，我们要鼓励孩子自己解决；对于中等难度的题目，可以亲子共同探讨解决；对于难度大的题目，可以借助搜题软件寻找解题思路。借鉴软件上的答案之后，我们还要鼓励孩子多总结、多思考，把解题思路化为自己的能力。

其次，父母也要合理使用搜题软件。比如，能自己讲清楚的题目就要尽量自己引导孩子理解；自己不会的题目，可以先去搜题软件上学习、消化，然后再讲给孩子听，这种方式比直接让孩子接受答案更有意义。

最后，我们也可以浏览相关平台的题库，挑选一些有针对性的题目让孩子解答，以开阔孩子的眼界。

难题本让难题不再难

很多学霸都有一个难题本。他们把平时遇到的难题一一记录下来并经常翻看，这既能复习知识，也能巩固各种棘手题的解题方法，对学习大有裨益。因此，我们的孩子也应该准备一个难题本，用来收集、总结各种难题。

有个孩子特别喜欢钻研难题，在妈妈的建议下，他把难题整理到本子上，就像收集宝贝似的，他把这个本子叫作"难题本"。每次考试之前，他都会把难题本拿出来看一看，复习一遍自己曾经不会做的题目。这样一来，即便在考试中遇到同类难题，他也能轻松应对。

经过一个学期的积累，他的难题本一共收录了42道难题。

这天，他和妈妈一起翻阅这些难题，回想着他们一起解决难题的过程，有的难题旁边还记录着母子俩关于这道题的争论内容。

"妈妈，您当时对这道题的分析太有意思了！"

"你的想法也不错，按照当时你们学习的知识来说，你的表现已经是超纲发挥了。"妈妈对他赞不绝口。

自从有了难题本，这个孩子不再惧怕难题，还总喜欢迎难而上。每解出一道难题，他的成就感就增加一分。看着这些题目，这个孩子又想起了那些和妈妈并肩作战打败拦路虎的日子，心里美滋滋的。

解答难题对孩子的学习有什么好处呢？一些资深教师认为，解答难题是一项训练孩子思维能力的活动。因为难题具有一个甚至多个隐藏条件，需要孩子不断调整思维才能找到答案，在寻找答案的过程中，孩子既锻炼了思维，也复习了相关知识点，一举多得。更有意义的是，孩子每成功解答一道难题，内心就多一分成就感，这会让孩子更爱学习，更喜欢自主钻研。

我们鼓励孩子建立难题本，一是可以让孩子收集、总结难题，整理知识点和解题思路；二是也能激励孩子不断攻克难关，获得更好的成绩。为了让难题本更好地发挥作用，我们也要参与到孩子的难题收录和整理过程中。

难题本中应该收录哪些难题呢？有人认为凡是孩子碰

到的难题都应该收录进去，这样才能显示孩子的战功。其实，难题和错题一样，数量不需要太多，但质量一定要高。什么是高质量的难题呢？首先，它要与课本知识密切结合，不能超纲；其次，它要综合几个知识点，让孩子将知识融会贯通；最后，它的套路不能太深，要能让孩子在调整思路之后迅速找到答案。这样既能锻炼孩子的思维能力，也能提升孩子的自信。每个孩子的学习水平不同，解答难题的能力也不同，我们要根据孩子的具体情况建议孩子收录难度适中的题目，这样才能帮助孩子有效巩固知识，建立自信。

收录难题时，我们建议孩子采用"四步法"。第一步是抄录原题；第二步是分析疑点、难点和不会解答的原因；第三步是详细记录解答过程；第四步是复习总结，并留出空白处便于孩子日后记录复习心得，起到温故知新的作用。

虽然我们提倡孩子建立自己的难题本，但并不认同让孩子花费大量时间死抠难题。从《考试说明》来看，考试时大多数试题都不会太偏、太怪、太难，所以孩子们不用花费太多时间钻研超纲难题，只要将常规思维和解题方法掌握牢固，基本的难题就能迎刃而解了。

工具书是孩子独立解决难题的好帮手

古人云："授人以鱼，不如授人以渔。"我们辅导孩子写作业也是如此。与其直接告诉孩子怎么做，不如教给孩子学习的方法，让孩子自主学习。"工欲善其事，必先利其器"，在培养孩子自主学习的好习惯的同时，我们还要给孩子准备好"武器"——工具书。工具书堪称"教科书的教科书"，可以为孩子答疑解惑，让孩子不依赖父母也能解决有关学习难题。

森森从三年级开始就不需要妈妈辅导作业了，因为她有好几个不说话的"老师"——工具书帮忙。

刚上一年级的时候，森森每次遇到一点儿小问题就迫不及待地向妈妈求助，妈妈意识到这不是一件好事儿，便开始想办法纠正她的坏习惯。

起初，妈妈只教森森使用字典，每当森森遇到不认识

的字向妈妈请教时，妈妈就告诉她："自己查字典吧，我说
的也不一定对。"森森被逼无奈，只好自己动手查字典。后
来，妈妈又教森森使用各种语文词典、英汉词典、数学词
典、教材解析等，凡是常规的作业问题，森森都能通过查
找工具书解决。

为了让森森独立解决难题，妈妈又给森森准备了习题
解析类的工具书。之后，森森遇到难题真的不再问妈妈了，
而是自己查找工具书，根据书中的指导一点儿一点儿地摸
索出答案。

经过两年多的努力，森森不但学会了用工具书解决难
题，还养成了自主学习的好习惯，她能自己复习、预习功
课，有时还会主动找一些难题做。

好的工具书不但能帮助孩子解决难题，还能成为孩子
复习功课的好帮手，而且，经常使用工具书的孩子动手能
力更强，自主学习意识也更高。不过，并非所有的工具书
都能帮孩子解决难题，我们要为孩子挑选合适的工具书。

工具书包括各种字词典、教材解析、习题讲解等，字
词典的作用是帮助孩子巩固基础，是孩子必备的日常工具
书；教材解析类工具书内容丰富，有助于孩子复习和预习；
习题讲解类工具书题型丰富，解析过程详细，有助于孩子

解决难题。

那么，我们如何让孩子养成使用工具书的好习惯呢？比如，可以把工具书放在显眼的地方，让孩子能经常看到，慢慢增加孩子对工具书的兴趣。从心理学角度来看，人们对距离较近、经常看到的事物更容易产生好奇心和好感。孩子经常看到工具书，自然会对其产生兴趣，进而拿起来使用。

我们要教孩子各种工具书的正确使用方法。如习题讲解类工具书，孩子遇到难题后可以在工具书上寻找同类题目，然后根据同类题的解答过程思考相关难题的解答方法。使用这类参考书时一定要认真分析题目，并将同类题型进行对比分析，这样才能更好地掌握难题的解答技巧。

平时我们也可以鼓励孩子经常翻看工具书，让孩子在拓宽眼界的同时熟悉工具书的内容，日后查找相关知识点时效率会更高。

第 **5** 章

孩子学得慢——用好方法
手把手教他提高速度

趣味复习，帮孩子磨好"刀锋"

如果您的孩子写作业时态度很认真，但效率很低，并且完成作业后感到疲惫，那很有可能是课堂知识没有掌握牢固。老师们常说："不复习，不写作业。"意思是写作业之前，要先复习功课，这样既能巩固课堂知识，又能提高孩子写作业的效率。

翘翘每天放学回家都会先休息一会儿，然后开始写作业。不过翘翘的妈妈并没有浪费这段时间，她总是一边做手里的事情，一边和翘翘玩问答游戏。

"今天语文课是第几节？"妈妈问道。

"上午第二节。"翘翘回答。

"学的是哪篇课文？"

"古诗《暮江吟》和《题西林壁》。"

"我一直有个疑问——'瑟瑟'到底是什么颜色？"

"呃，我记得是碧绿色，和红色相对应。红色是夕阳的颜色，绿色是江水的颜色。"

"为什么诗人说'九月初三夜'很'可怜'呢？"很明显，妈妈提前做足了功课，否则无法提出这些问题。

"哈哈，这里的'可怜'不是真的可怜，而是可爱的意思。"翘翘得意地说。

"古人可真逗，总是反着说话！"妈妈故意显得很"无知"，让翘翘更有成就感。

"对呀，您看苏轼，他去庐山游玩一圈后，不好好写一首风景诗，反而写了一首哲理诗，讲了一堆大道理。"翘翘发表着自己的看法。

"那数学呢？今天课堂上有什么难题吗？"妈妈又问。

"今天学了三位数乘以两位数，列竖式计算的方法我已经掌握了，只是偶尔会算错。"翘翘说。

"所以数学需要多多练习，对吗？"

"是的，老师建议我们每天坚持做计算题，因为这样可以提高计算能力。"翘翘认真地说。

母女俩一问一答地聊着，不知不觉就把课堂知识复习完了。随后，翘翘又翻开课本，查看自己不太熟悉的知识点，然后才动笔写作业。翘翘在写作业的过程中几乎没有停顿，非常流畅、高效。

写作业前，让孩子将课堂知识复习一遍，写作业时自然得心应手。不过，很多孩子都对枯燥的复习过程不感兴趣。若想提高孩子的复习效果，父母还要多花些心思引发孩子的兴趣，让孩子乐于复习，把知识掌握得更牢固。

教育学家认为，亲子复习比孩子独自复习效果更好，因为这更容易激发孩子复习的欲望，提高孩子复习的效率。亲子复习的方式有很多，比如上文案例中提到的问答式复习，父母提前了解学习内容后向孩子进行针对性提问，根据孩子的回答判断其课堂学习效果，然后让孩子着重复习掌握得不熟练的地方，提前解决作业中可能存在的问题。当然，亲子之间也可以交换角色，比如孩子提问、父母回答。孩子想难倒父母，就会认真复习、深入思考，这样才能提出更有深度的问题，而且这种问答的方式更锻炼孩子的自主学习能力，能让孩子对学习充满热情。

亲子共同复习还可以尝试"画图复习"和"互检复习"的方法。

画图复习是亲子通过画知识树或者思维导图等方式一起复习知识点。亲子共同设计图画、共同归纳知识点，既让写作业前的氛围更有趣，又让孩子巩固了知识点，使孩子写作业时更轻松、更高效。

互检复习是亲子用相互检查的方法进行复习。亲子双方先就相关知识点进行默写或者讲述，然后互相检查、补充，在竞争与合作中复习知识。这种方式可以让孩子加深对知识的印象，让孩子对知识有更多角度的思考，提高写作业的质量和速度。

用"截止时间效应法"强化孩子学习时的紧迫感

时间对每一个孩子都是公平的。在时间相同的情况下，谁的紧迫感更强，谁的学习效率就更高，收获的知识果实也更丰硕。父母要想提升孩子写作业的效率，就要想方设法让孩子体会时间的紧迫感，让孩子提高学习效率。心理学家认为，"截止时间效应法"对于强化孩子学习时的紧迫感十分有效。

晓松写作业时总是慢悠悠的。他每天一到家就开始写作业，可是很少能在晚上九点之前把作业搞定。妈妈思忖了很久，排除各种因素后总结出：晓松写作业速度慢是因为缺乏时间紧迫感。

这天，晓松写作业时妈妈告诉他："今晚七点左右会有客人来家里吃饭，所以你要在七点之前把所有的作业都完成，知道吗？"

"什么？七点之前？！"晓松听后，惊讶得瞪大双眼。

"对呀，如果你不能在七点之前完成作业，那么吃完晚饭之后就要继续写作业，写到深夜就太辛苦了。"妈妈认真分析道。

晓松一想到自己要学习到深夜就一百个不乐意，他只好咬咬牙，说："好吧，我尽量。"

晓松看看表，现在已经五点五十了，他必须在一个小时左右完成剩下的数学作业和英语作业。他开始思考：英语作业很简单，花十五分钟就可以完成；数学作业有点儿难，但也要在四十五分钟内完成。

他赶紧动笔写起来，精神高度集中，中途连厕所都没去。写完最后一道题后，晓松抬头看了看书桌上的闹钟，惊讶地说："哇，我真的在七点之前把作业写完了！"

晓松开心地跑到妈妈身边，说："妈妈，我写完作业了，客人是不是很快就要来了？"

妈妈尴尬地笑了笑，说："不好意思，我刚才只是在做一个实验，看看你能不能在七点之前把作业写完。看，你做到了！"

"什么嘛！原来没有客人呀！"晓松的确有点儿失落，不过一想到自己能这么快写完作业，心里还是十分感谢妈妈的。

心理学家认为，每个人都有惰性，在没有紧急事情需要完成时精神就会松懈，做事效率较低。为了让人们提高做事的效率，心理学家提出了"截止时间效应法"。

这种方法最初是在一家工厂实行的。这家工厂有段时间订单较多，工人几乎每天都要加班好几个小时。可是大家的工作效率很低，产品合格率也不高，如果不改善这种情况，工厂恐怕无法按合同完成订单。这时，厂长做了一个决定：从下个月起，每个人每天只能加班一个小时。加班时间大大缩短，工人只能加快生产速度，结果不仅按时完成了生产订单，产品合格率也提高了。限定任务的时限后，人们的做事效率得到提升，这就是"截止时间效应"。

另外，心理学家还发现，当时间越接近尾声，人们的精力就越集中。就像考场上老师突然提醒道："离考试结束时间还有十分钟！"同学们会更集中精力认真检查试卷，而且检查的速度很快。

那么，我们该如何利用"截止时间效应法"提升孩子的写作业效率呢？

首先，我们要了解孩子的注意力可以持续的时间，把时间限制设置在合理范围内。

与成年人相比，孩子注意力集中的时间较短，如果长时间持续做某件事就容易烦躁，效率也较低。所以我们最好把时间限制为半个小时左右。比如，半个小时内完成语文作业，二十分钟内完成一半数学作业等，这样可以大大激发孩子写作业的紧迫感，提升孩子写作业的效率。

其次，我们可以尝试规定孩子写作业的结束时间，忽略开始时间。

有的父母总是对孩子说："你要在六点钟开始写作业。"可是孩子并不喜欢父母这种带有命令色彩的表达方式，听了这类话容易对写作业产生反感。反之，如果我们对孩子说："你想从什么时候开始写作业都可以，但要在八点半之前把作业完成。"孩子听了这类话就会产生时间的紧迫感，并能主动安排自己的作业顺序，加快写作业的速度。这种方式还会增强孩子的自主学习意识。

最后，我们还要与孩子共同建立一个合理的奖罚制度。

当孩子按时、高质完成作业，我们要给予适当的奖励，强化孩子这种写作业的状态，助他养成好习惯。如果孩子做得不好，我们就要施以相应的惩罚，激发孩子的紧迫感，让孩子不断改进写作业的方式，提高写作业的效率。

速度训练法让孩子写作业更高效

孩子写作业效率低，有时是写字速度、计算速度或者阅读速度慢导致的。很多老师反映，写字、计算、阅读慢的孩子在学习上非常吃亏，跟不上上课节奏、记不全课堂笔记、答不完课堂测验题，做每件事都比其他同学慢半拍，渐渐地就会掉队。要想让孩子提高写作业的效率，跟上同学的学习进度，我们就要加强对孩子的速度训练。

今天，老师又向欢欢妈妈反映："欢欢写字太慢了，课下您要让她多练练啊！"老师说，今天语文课上做了一张试卷，下课铃响时几乎所有的同学都写完了，而欢欢的作文只写了三行。

老师以为欢欢没有思路，就问道："作文很难吗？"

欢欢却说："不难，我都想好要写什么了，只是时间不够了。"很明显，这是写字速度太慢导致的。

其实，欢欢从一年级开始就存在写字慢的问题，可是一二年级作业少，即便她写字慢也能在八点之前完成作业，所以妈妈没有在意。升入三年级后，欢欢的这个弱点就暴露了出来，课堂作业经常完不成，家庭作业很晚才能写完，现在连课堂测验都答不完题了。妈妈意识到问题的严重性，决定通过训练提升欢欢的写字速度。

妈妈制订了一个"天天限时写字"的计划，每天给欢欢十分钟的练字时间，而且要求欢欢在保证字迹工整的前提下用最快的速度完成。妈妈还告诉她："我希望你每天在同样的时间内都能比前一天多写一些字。"

在妈妈的严格要求下，欢欢一直坚持练习，而且每天都能比前一天多写几个字。看到自己的进步后，欢欢产生了成就感，也非常认可妈妈的训练方法。经过一段时间的努力，欢欢写字的速度提高了很多，虽然还没有达到"写字快手"的水平，但写作业的速度比以前快多了。

如果孩子写作业效率低是由写字速度慢导致的，可以采取速度训练法来改善。父母可以试一试"天天限时写字"训练法，让孩子在规定时间内快速、工整地抄写一些内容，如果孩子不排斥，我们甚至可以规定字数的最低限制，"逼迫"孩子迅速完成任务。这种练习需要每天坚持，而且每天都要给孩子制定稍高一点儿的目标，让孩子不断挑战自我、超越自我。当孩子写字速度提高了，成就感提升了，写作业时主动性就会更强。

除了写字速度，我们还要通过速度训练提升孩子的计算速度和阅读速度。孩子计算速度慢，写数学作业时自然效率低。提升计算速度并非一朝一夕的事情，我们要坚持每天让孩子做计算题、口算题，而且每次都要给孩子设置时间限制，激励孩子高度集中精力完成任务。训练一个月后，孩子的计算速度就会明显提升。如果父母还有余力，也可以引导孩子做一些诸如心算的速算训练。

想提升孩子的阅读速度，我们可以借鉴各种速读训练法。比如，"一目十行法""略读法""扫读法"等。比如"扫读法"，就是通过扫视阅读内容快速找到自己需要的信息，这种方法能让孩子在较短的时间内发现目标。无论哪种速读法，只要孩子多练、认真练，几个月后阅读速度就能得到提升。

此外，我们平时也可以通过玩儿脑筋急转弯、猜谜语、记扑克牌等亲子游戏训练孩子的思维速度。孩子的写字速度、计算速度、阅读速度和思维速度提升后，自然能把作业写得又快又好。当孩子在写作业中找到自信后，学习起来也就更积极、更有激情。

写作业小组：激励孩子快速写作业

　　草原上的牧马人常说，想让一匹马不断飞奔，就要让一群马紧追其后。父母要想让孩子快速写作业，就要找"几匹马"追赶孩子，激发孩子的竞争意识。

　　今天，嘉琪邀好朋友灵灵来家里写作业，嘉琪妈妈起初还担心她们两个在一起无法认真完成作业，可是观察了一会儿后，她认为自己完全想多了。

　　嘉琪本来想先和灵灵玩一会儿，然后再写作业，但是灵灵提议："今天的作业不多，咱们先写完作业再玩儿吧。"

　　嘉琪听了觉得很合理，于是拿出书本和灵灵一起写作业。嘉琪本来想按照平常的节奏慢悠悠地写，还想和灵灵边聊边写，可是灵灵写起作业来那么认真、迅速，让嘉琪觉得有些羞愧。嘉琪不想被比下去，于是加足马力，和灵灵较起劲儿来。做计算题时，嘉琪还提议说："咱们比赛吧，看谁算得快！"

"好呀！"灵灵接受挑战。

一共四十道口算题，灵灵只用了两分三十二秒，嘉琪用了两分五十六秒。嘉琪虽然输了，但这个速度已经比平时快多了。

接着，她们又比赛背古诗，这一次嘉琪险胜灵灵。嘉琪没想到，原来自己只需三五分钟就能背诵一首诗歌，这要是平时，可能要十几分钟甚至半个小时。

在灵灵这个竞争对手的陪伴下，嘉琪只用一个多小时就完成了所有作业。灵灵回家后，嘉琪妈妈笑着对嘉琪说："原来你写作业可以很快，只是缺少一个竞争对手啊！"

据老师们反映，孩子们在学校写作业的效率普遍比较高，这是因为他们经常组团写作业。在各个写作业小组中，有人擅长数学，有人擅长语文，有人擅长英语，大家既互相帮助，又互相竞争，学习氛围浓厚，写作业的速度非常快。一些写作业速度慢的孩子加入写作业小组后，不但能按时完成作业，而且还养成了主动学习的好习惯。

心理学家认为，竞争能激发人们的斗志，提高人们的做事效率。所以公司会设立竞争机制，让员工相互竞争、比拼，这在提高个人业绩的同时，也会让公司有更高的收益。老师管理班级也是如此，设置小组竞争模式后，各个小组在学习、卫生、文娱活动等方面都会暗暗较劲儿。

　　父母也可以帮孩子成立一个写作业小组，让孩子约几个好朋友结伴写作业。孩子挑选小组成员时我们要给予建议，比如，小组中至少有一个自主学习意识高、写作业速度快的孩子，有了这个榜样的带动，孩子们才能更好地提高学习效率。此外，小组成员不能太多，三四个足矣，否则孩子们容易互相聊天、打闹，影响写作业的效率。

　　无规矩不成方圆。成立写作业小组后，我们还要引导孩子们立规矩，让孩子们在写作业时更认真、更高效。比如，写作业的过程中不能随意说话、打闹、走动、出怪声等；学习四十分钟后可休息五分钟，缓解疲劳；写作业的过程中不能随意向他人请教，以免打扰他人学习；完成作业后要互相交流、检查，答疑解难；等等。

　　虽然竞争能激发孩子的学习积极性，提高孩子的写作业效率，但是也存在负面影响。比如，有的孩子如果在竞争中落后了，内心会产生挫败感，从而丧失自信，对学习失去热情。所以，写作业小组的成员完成作业后，我们要给予孩子们恰当的评价和鼓励。对率先完成作业的孩子，我们要充分表扬；对落后的孩子，我们也要认可他们的进步，并鼓励他们继续追赶，让孩子们在良性竞争中得到发展。

让孩子在作业总结中提升效率

许多老师为了激励学生提高学习效率，会要求他们在周末、单元末或者学期末做学习总结。学生在总结了上一段时间的学习成果后，往往会产生强烈的学习动力，从而更加努力地投入学习。父母想提高孩子写作业的效率，也可以尝试让孩子写一写作业总结。

淘淘爸爸下班回家后就听到妈妈在训淘淘。

"一张只有六道题的小试卷和一篇日记，你居然写了两个多小时，你难道是在刻字吗？"淘淘妈妈怒气冲冲地说。

淘淘低着头，小声地说："可是我一直都在写啊，只是速度有点儿慢而已。"

对于淘淘的磨蹭，爸爸也十分无奈。他没有时间参与母子俩的讨论，因为他还有工作总结要完成。

过了一会儿，淘淘总算写完作业了。他跑到爸爸身边，看着电脑屏幕上的内容，惊讶地说："爸爸，您居然做了这么多事情啊！"

"对啊，每次看到自己有这么多工作成绩，我的工作热情就更高了！"爸爸说着，突然想到一个帮淘淘改掉写作业慢的点子，于是对淘淘说，"儿子，你也写一份作业总结吧，这也许会让你以后写作业的速度快一点儿。"

"好呀！您能教我怎么写总结吗？"淘淘也十分想每天快一点儿把作业写完。

在爸爸的指导下，淘淘开始写今天的作业情况总结。他认真回忆自己写作业的整个过程，发现自己在两个半小时中居然上了五次厕所、喝了六次水，中途还时不时地走神。

"怪不得我写作业的速度这么慢呢！"淘淘心想。

他根据爸爸的建议，在作业总结中写出了自己的不足之处，还列了几个改进方法，争取明天能比今天的速度快一些。

此后，淘淘每天都会在爸爸的陪伴下作业总结，他不断纠正自己的不足之处，每天进步一点点，写作业的效率真的提高了！

心理学家认为，经常做总结能让我们更准确地认识自己，从而想办法保持优势、弥补不足，变得更优秀。孩子写作业总结也是如此，每天总结一次自己写作业的情况，可以清晰地了解自己的学习状态，从而不断改进不足、提高效率。那么，作业总结应该总结什么呢？

首先，要让孩子通过计时、和同学对比等方式总结自己的写作业速度，并思考自己是否有进步空间。待孩子想清楚这些内容后，我们就可以引导孩子制订更合理的作业时间表，让孩子每天快一点儿，逐渐提高写作业的效率。

其次，要让孩子总结自己的作业质量，包括完成度、正确率、字迹的好坏等。我们要引导孩子对自己的作业质量做出准确的评价，列出优点和缺点，从而制订更合理的作业计划。

此外，我们还要建议孩子制定改进的具体目标和办法。需要注意的是，作业质量的提升是循序渐进的过程，不能操之过急。孩子在制定改进目标和方法时，我们要积极给予参考意见，让孩子能够稳步前进，收获成就感和自信。

第 **6** 章

孩子学得不认真——
多管齐下让他更上心

"后果教育"，让孩子不再应付作业

　　有的孩子写作业时十分敷衍，不是看错题、漏题，就是写错字。为此父母十分纠结，是帮孩子检查并让他及时改正呢，还是让他把漏洞百出的作业本交给老师接受批评呢？有的父母推崇"后果教育"，说："别管他，让老师批评一次就长记性了！"有的父母推崇"惩罚教育"，说："应该及时让孩子纠正，免得孩子被老师批评，因此我们家长要狠狠地教训他一顿，让他下次不敢再犯同样的错误！"

　　教育学家认为，"惩罚教育"的效果是暂时的，而且孩子大多面服心不服，无法起到父母想要的作用。"后果教育"虽然会让孩子受到老师的批评，但更能使孩子认识到自己的错误并做出改变，从而认真对待作业和学习。

　　宁宁写作业十分马虎，经常错误百出，可是她一点儿都不在意，因为有妈妈帮忙善后。这天，妈妈看着满是错题的作业本非常头疼，她本想狠狠地把宁宁训斥一通，可又一想，这个方法用过很多次了，宁宁一点儿长进都没有。现在她意识到：需要换个方法教育宁宁了。

她把作业本递给宁宁，并没有像往常那样指出她的错误，而是说："我今天需要加班，没时间帮你检查作业，你自己检查吧。"

宁宁可没有自己检查作业的习惯，既然妈妈不管，她也乐得自在，趁妈妈不注意直接把作业本装进了书包里。第二天，宁宁灰头土脸地回来了。妈妈一问才知道，原来宁宁因为没有认真完成作业被老师当众批评了。

"我写作业的时候认真一点儿就好了。"宁宁后悔地说。

"亡羊补牢，为时不晚。从今天开始你就学着认真对待作业吧。"妈妈安慰她说。

为了不再被老师点名批评，之后，宁宁每次写作业时都更认真了。

18 世纪法国的教育家卢梭认为，教育儿童不是强行灌输某种规则或者道理，而是让孩子自己适应并服从自然法则。简而言之，就是让孩子为自己的错误行为买单，并汲取教训，下不为例。

孩子写作业不认真，我们与其不断说教、训斥、惩罚他们，不如让他们接受"后果教育"，把孩子交给后果管教。不过，我们也不能当甩手掌柜，而要帮孩子把好后果程度的关。

首先，我们要确保孩子承担的后果处于安全范围内，不能过度伤害孩子的自尊、自信，以免影响孩子的心理健康。比如，有的孩子性格脆弱，因为没有认真完成作业而被老师在大庭广众之下训斥，可能会产生较大的负面影响，甚至直接导致孩子产生厌学情绪等。对于这类孩子，我们需要提前与老师进行沟通，建议老师采取温和的方式敲打孩子。

其次，我们要提前给孩子打预防针，让孩子了解后果的严重性，这样孩子可以提前预测自己是否有能力承担后果，或者提前为将要发生的后果做准备，从而避免给孩子造成太大伤害。

最后，当孩子为自己的错误行为承担后果时，我们虽然不能替代孩子，但可以适当指引和鼓励孩子，让他们做出改变自己的态度和决心。孩子承担后果后我们就不能再责骂孩子，而要让孩子在自我反省中变得越来越认真，越来越自律。如此一来，即便我们不督促，孩子今后也能自主、高质、高效地学习。

自检是让孩子学会自主学习的好机会

一些资深教师认为，父母的确需要陪伴孩子写作业，帮孩子养成好习惯，但并不需要代替孩子承担检查作业的责任，这会剥夺孩子自主学习的机会。有些老师建议父母给孩子检查作业，无非是希望孩子能在父母的监督下认真对待作业，提高作业质量。其实，只要我们教会孩子自己检查作业，孩子完全可以凭借自己的本事交上一份完美的作业。

凡凡今年上一年级了，妈妈辅导他写作业时发现一个大问题：凡凡写作业很不认真，而且每次写完作业都直接交给妈妈检查。这天，妈妈看着凡凡写得十分潦草的作业问道："儿子，平时的作业妈妈可以帮你检查，可是课堂作业谁帮你检查呢？"

凡凡想了想，说："我们写课堂作业的时候不用检查，老师给我们读题，我们自己做题，等大家都写完了，老师就把作业收走了。"

妈妈这才反应过来,原来凡凡还没有形成自己检查的意识,所以对待作业这么随意。

妈妈告诉凡凡:"检查也是写作业的一个环节,只有把作业认真检查一遍才称得上完成作业了。"

此后,妈妈每天都陪着凡凡写作业,妈妈的目的并非盯着凡凡不许出错,而是在凡凡写完答案后及时督促他认真检查。起初,凡凡粗粗看一遍,就十分自信地说:"好啦,全对!"妈妈只好无奈地指出他作业中的错误,让他自己改正。

慢慢地,妈妈不再告诉他具体的错题、错字,而是给他画出一个范围,让他自己排查错误。凡凡就像寻宝一样检查作业,事实证明他是可以检查出错误的。

后来,妈妈就直接教他检查作业的方法,让他一步步照做,开始时有些慢,但凡凡对待作业越来越认真了。坚持了一年之后,妈妈就开始放手,让凡凡独立写作业、检查作业,凡凡养成了认真自主学习的好习惯。

很多孩子把检查作业当作负担,其实检查作业是孩子提高学习效率的好帮手。

我们想让孩子好好检查作业,就要向他们传授检查作业的技巧。第一步，检查是否漏题。有的孩子比较马虎，经常写了前面忘了后面，检查时要重点排查自己是否有漏写的题目。第二步，再次读题、审题，以免出现看错题目的情况。第三步，校对，检查自己是否写错了数字、汉字等。第四步，验算。验算的方法大致有两种：一种是重新将题目算一遍，看看结果是否一致；另一种是将结果代入题目，看看题目是否成立。如果孩子的能力较强，可以将第二步、第三步和第四步同时进行。这几个流程走下来，孩子的作业就会很少出错了。

此外，父母要让孩子坚持每天检查作业，从而养成习惯。有时孩子写完作业后时间较晚，父母心疼孩子就代为检查了，这样其实不利于孩子养成检查的习惯。

帮助孩子养成自己检查作业的习惯不能操之过急，要分为三个阶段完成。第一阶段，亲子共同检查作业，我们要帮助孩子指出错误，让孩子养成检查的习惯。第二阶段，我们不再指出具体的错处，而是给孩子划定错误范围，让孩子自己发现错误。第三阶段，我们只需告诉孩子是否出错，具体的错误让孩子自己检查并改正。

好习惯让孩子的一生受益良多。从小养成自检作业的好习惯，既能培养孩子认真对待作业的态度，又能养成孩子自主学习的能力。

"目标激励法"，让孩子更加重视作业

心理学家认为，人们的行为是由动机引发的，而动机是由目标产生的。所以，父母要想让孩子重视作业、自主学习，就要以恰当的目标激发孩子的学习动机，引导孩子把主要精力放在学习上，变被动学习为主动学习。这种方法就叫"目标激励法"。

可可写作业一点儿都不认真，不是字迹潦草就是错题不断。妈妈训斥过她很多次，但根本没有效果。后来爸爸想出一个新招——给可可定作业目标，可可每完成一个小目标就能得到一个小贴画，集满十个贴画就能实现一个合理的小愿望。可可对这个提议十分感兴趣。

可可写作业之前，总会先和爸爸一起制定作业目标。

"今天的语文作业不多，你要在半个小时内完成。"爸爸建议。

"不行，时间太短了，五十分钟吧。"可可开始讨价还价。为了得到更多小贴画，她一直试图把目标和要求降低。

"我认为以你的水平最多需要三十五分钟就能完成。"爸爸识破了她的小心思，只做出了很小的让步。

"好吧。"可可只好同意这个目标。

经过父女俩的讨论，最终定下的三个目标是：保证字迹工整，两个小时内完成所有的作业，自己检查作业。为了得到三个小贴画，可可写作业时非常用心。这样持续了一个月后，可可一共得到了二十个小贴画，实现了两个小愿望，非常开心。更重要的是，自从认真写作业之后，她经常受到老师的表扬，学习兴趣越来越浓，即便没有爸爸的目标奖励，她也非常重视作业，认真自主学习。

"目标激励法"是用目标激励孩子主动学习，让孩子在追求目标的过程中享受学习的快乐，获得进步的成就感。很多家长尝试这种方法后纷纷反馈效果很好，连老师也对这种方法赞不绝口。那么，这种方法具体如何操作呢？

首先，我们要和孩子一起制定合理的学习目标。有的父母希望孩子快点儿进步，就把目标设定得较高，结果导致孩子力不从心，频频受到打击。学习目标要以孩子的能力做参考，要让孩子跳一跳就能够得着，这样才能激发孩子的学习热情。为了让孩子更积极主动、更有责任感，我们要让孩子参与甚至主导学习目标的设定，孩子根据自己的实际水平订立的目标更合理，实行起来也会更容易。有的父母担心，万一孩子故意把目标定得太低怎么办？这就需要我们提前定好规矩，让孩子知道我们的底线，从而在原则范围内自由制定目标。

其次，作业目标要具体。比如，写作业时要做到字迹规整，作业的准确率要达到80%，要在两个小时内完成作业，要自己检查作业，等等。目标越具体，孩子努力的方向越精准，写作业时精力也会更集中。

此外，我们鼓励孩子实现作业目标的同时，还要教育孩子"重视过程，看淡结果"。如果孩子过于追求结果，忽视写作业的过程，就难以体会到学习的乐趣。我们教育孩子看淡结果时，自己也要看淡结果，并给予孩子科学的引导。比如，当孩子没有实现作业目标时，我们不能一味地批评，而要帮助孩子分析原因，并称赞孩子在写作业过程中的出色表现和进步，让孩子产生继续努力的信心和主动学习的热情。

注意力训练：三招让孩子专注写作业

有些孩子写作业时注意力很难集中，一个声音、一只小飞虫甚至一粒尘埃都会让他们分心。有的孩子写着写着就莫名其妙地开始发呆，直到父母大声提醒才回过神来。那么，如何才能让这样的孩子专注写作业呢？

小欧正在写作业，可是妈妈走到他身边时却发现，他正在和一只小蜘蛛"玩儿游戏"。他不停地用笔尖翻逗着蜘蛛，其乐无穷。

"你和这只蜘蛛玩儿多久了？"妈妈忍不住问道。

"呃，没多久。"小欧见妈妈来了，赶紧把蜘蛛包在卫生纸里扔进垃圾桶，然后继续写作业。

妈妈以为小欧这下会专心写作业了，可是没过多久，她又发现小欧双手托腮看着墙壁发呆。妈妈只得再次提醒他，让他专心写作业。小欧几乎每天写作业时都要被妈妈提醒好几次。

有一次，妈妈向同事说起儿子的学习状态，没想到居然有意外收获。

一位同事告诉她："你可以带孩子进行'注意力训练'啊！每天两三分钟，效果很好的。"

妈妈弄清楚训练方法后，迫不及待地在儿子身上试验。

经过一段时间的坚持，小欧写作业时果然更专注了。

心理学家说，人类的大脑中存在兴奋性和抑制性神经元，兴奋性神经元可以让大脑高速运转，抑制性神经元则能让大脑保持理智。当孩子进入学习状态时，兴奋性神经元可以提高孩子的学习效率，抑制性神经元则能防止孩子走神。不过，孩子的神经抑制功能到十四岁左右才能发育好，因此部分小学阶段的孩子在学习时很难专心致志是可以理解的。有的父母可能会问："难道就这样放任孩子随便走神、发呆吗？"

学习是一项复杂的脑力劳动，集中注意力才能学得更好，当然不能放任孩子走神、发呆。其实，提高孩子写作业和学习时的注意力并不难，只需三招就能搞定。

第一招，一分钟注意力训练。让孩子在一分钟内集中精力完成一个学习任务，如做几道口算题，抄写一些单词等，而且要给孩子规定最低标准，这样能让孩子的注意力更集中。一分钟注意力训练每天可以进行三至五次，每次训练时都要记录孩子的表现，并将孩子每次的表现进行对比，让孩子看到自己的进步，产生成就感和学习热情。

第二招，听写训练。家长通过读几组数字或者一段短文，让孩子集中注意力认真听，然后将自己听到的内容写下来。家长一共读三遍，看看孩子能记住多少。这种训练方式也要每天做记录，这同样可以让孩子看到自己的进步，并对学习产生热情，从而认真对待作业。

第三招，舒尔特方格训练。这种训练方法是德国心理医生舒尔特发明的，是全球心理学界公认的最简单、最有效的注意力训练方法。具体操作方法是：在一张纸上画二十五个 1 厘米 ×1 厘米的小方格，在格子内随意填入一至二十五这二十五个数字，然后让孩子用手指将这些数字按照从小到大的顺序指出来，同时大声读出所指的数字，每一次训练都要记录时间，看看孩子是否有进步。孩子训练时用的时间越短，说明注意力越集中，头脑反应越敏捷。经常进行舒尔特方格训练，孩子的专注力会越来越好，写作业时自然不会频频走神，学习也会更认真。

在细节中改变孩子的毛躁行为

一些父母反映，自己的孩子在生活中丢三落四、马马虎虎，在学习时三心二意、注意力不集中。其实，这都是性格毛躁导致的，如果不及时改正，会影响孩子的生活和学习，让孩子频繁出错，处处碰壁。

今天，航航妈妈正上班，突然接到儿子班主任的电话："航航妈妈，航航又忘带语文作业了，您如果方便的话就把作业送到学校来吧。"

航航妈妈非常崩溃，因为经常请假去学校给航航送东西，她已经被领导批评过很多次了。这一次，她决定不再惯着航航，要让他体验一次丢三落四的后果。

航航放学回家后垂头丧气的，一看就知道被老师批评了。妈妈问他："你吸取教训了吗？"

航航点点头，说："是的，以后要把作业带齐。"

航航在这件事上的确进行了反省，而且也改正了，可是做其他事情时他依然照旧。比如，他写作业时还是毛毛躁躁，着急忙慌地把作业一股脑儿地写完了，可作业简直是一塌糊涂，字迹潦草，小错不断。妈妈压住怒火，告诉他："你的数学作业中一共错了五处，你要从头到尾认真检查一遍。"

航航只得自己检查作业，可是他毛躁惯了，检查了好几遍也没发现自己的错误，最后还是在妈妈的提示下才把错题改完。妈妈意识到，该好好治一治航航性格毛躁的毛病了。

父母一提起性格毛躁的孩子就忧心忡忡，其实大家不用过于焦虑，只要我们在日常生活中多多培养孩子的耐心，帮助孩子在细节处一点儿一点儿改变自己的坏习惯，未来孩子也会成为同龄人中的佼佼者。

改变孩子的毛躁行为，言传身教是关键。我们想让孩子变成什么样，首先自己就要变成什么样。因为孩子和我们朝夕相处，言行深受我们影响，如果我们做事毛毛躁躁、马马虎虎，孩子也大多性格毛躁。如果我们做事细致认真，孩子也大多一丝不苟。

玩儿游戏也能改变孩子毛躁的性格。在日常生活中，我们可以多和孩子玩儿一些考验耐性的游戏，如下棋、拼魔方、走迷宫、寻宝等。这类游戏既锻炼孩子的思维，又培养孩子的耐心，能让孩子在不知不觉中变得更认真、专注。

要想让孩子在生活和学习中都认认真真，我们可不能随意给孩子贴上"毛躁"的标签。贴这样的标签就会给孩子造成消极的心理暗示，让孩子在潜意识中认可自己粗心、毛躁，以至于改正起来非常棘手。当孩子学习、做事毛躁时，我们应该给予正面引导。比如，当孩子吃饭过于急躁时，我们要说"细嚼慢咽会更好"，而不是指责孩子"你怎么总是狼吞虎咽的"。

我们还要引导孩子从小事做起，养成专心致志的好习惯。当孩子做某件事情时，我们要提醒他们先专心做好这一件事，等这件事结束了再做其他事情，这样也可以慢慢改掉孩子三心二意、毛毛躁躁的毛病。孩子在生活中专心致志、有条不紊，学习时就能认真、有序、自主，即便没有我们的监督也能做得很出色。

第 **7** 章

学习没条理——教会
孩子自主安排学习任务

一份作业清单的大功劳

有的孩子学习或写作业时缺乏条理性，比如经常漏写或者写错作业，辛辛苦苦完成作业后还被老师批评"不用心"。想让孩子按量按质完成作业，最简单的方式就是列一份作业清单，并照单完成任务。

小鱼妈妈教育孩子很有一套，在她的辅导下，小鱼二年级就能独立完成作业了。很多家长都问她："你到底用了什么'育子秘方'？"

她却说："我只是比你们多列了一份作业清单。"

小鱼每次写作业之前，妈妈都会和他一起列作业清单，把各科老师布置的作业一一列出，还对作业进行了分析。比如这一天，小鱼和妈妈列的清单上写着："语文：抄写并背诵古诗《登鹳雀楼》和《望庐山瀑布》，抄写时字迹要工整，背诵熟练后请家长在课本上签字。数学：做一张小试卷和四十道口算题，要求完成后自己检查，明天带到学校老师批改。"

"你对今天的作业有什么想法？"列完清单后，妈妈总会习惯性地问他。

"语文作业太简单了，这两首古诗我已经会背了，只要完成抄写作业就行。数学的小试卷我看过了，题目不算难，我应该可以自己完成。口算题每天都要写，我早就习惯了。"小鱼分析了一通后得出一个结论，"所以今天您不用陪着我写作业，等到需要家长签字的时候我再找您吧。"

妈妈听了这话十分欣慰，因为小鱼已经把写作业完全当作自己的事情了。

心理学家认为，经常列清单的人头脑清晰，做事主动且高效。很多名人都是"清单控"，他们通过列清单管理自己的生活和工作，让自己的人生井井有条。著名投资家、"股神"沃伦·巴菲特的最佳拍档查理·芒格每次投资之前都会列一份清单，而且会把清单中的每一个细节当作重要事项来分析，确保将投资的风险降到最低，交出一份接近完美的投资作业。要想让孩子交出完美的作业，我们也可以借鉴芒格的"清单法"。

孩子列作业清单有什么好处呢？首先，孩子将作业任务列在本子上，随时看、随时写，从而避免大脑反复思考这些作业而感到疲劳。其次，孩子列清单的过程也是将作业任务化整为零的过程。孩子将作业任务整理为一份清单时，已经将复杂的任务进行了分析和拆解，这样写作业时就会更有目标、更有动力。对父母而言，作业清单也便于我们检查孩子完成作业的情况。

很多人认为作业清单就是一份简单的作业记录，其实并非如此。一份合格的作业清单，既包括所有的作业任务，还包括孩子对作业的分析和思考。那么，我们如何引导孩子正确列作业清单呢？

首先，我们要提醒孩子把老师布置的作业任务写清楚。即便老师已经将作业任务发到家长群中，我们也要让孩子按照自己的思路将作业重新整理一遍，加深印象。其次，要让孩子把老师对每项作业任务的要求写清楚，这样写作业时更有针对性。最后，我们可以建议孩子对每项作业进行简单分析，把握各项作业的难易程度等，这样写作业时才不会无从下手。

有了作业清单，孩子不但能学会按要求完成作业，还会在作业清单的引导下形成自主学习的意识，变得更自律，**使学习过程更有条理性。**

引导孩子合理安排作业时间

孩子升入高年级后课业负担明显加重，知识量变大，作业增多，有的孩子还要上各种兴趣班等，时间非常紧张。个别孩子难以适应，渐渐出现厌学情绪。对此，老师的建议是：一定要合理安排孩子写作业的时间。

毛毛上五年级了，平时除了上课，每天放学后还要参加一个兴趣班，到家时已经是下午六点钟了。如果从此时开始写作业，大约晚上八点半之前能顺利完成。可是，他经过一天的学习已经很累了，无法高效率地写作业。有时晚上九点半还在伏案学习，妈妈非常心疼。

为了减轻孩子的学习压力，妈妈向毛毛的班主任寻求帮助。班主任听她诉说苦恼后，给她讲了另一个孩子的故事："咱们班有个女孩，每天放学后除了写作业，还要练两小时钢琴，但她总能在九点之前完成所有任务，还会保证半个小时的课外阅读。"

"真的吗？她怎么会有那么多时间呢？"毛毛妈妈十分惊讶。

"她只是更会安排自己的时间而已。"班主任告诉毛毛妈妈，这个女孩制订了一个课余时间表，把自己每天的课余时间进行合理分配，既能保证高质量完成作业，还能有时间放松身心。

毛毛妈妈听后受益良多，也开始和毛毛商量并制订课余时间表。把课余时间进行合理规划后，毛毛的生活依然忙碌，但每天都有时间玩耍，而且还能在晚上九点之前完成作业。最让妈妈欣慰的是，有了时间表后，毛毛每天都按时主动写作业，再也不需要她三催四请了。

那么，我们该如何引导孩子合理安排课余时间呢？

首先，我们要让孩子了解自己大致的课余时间和作业任务，这样才能对时间进行合理分配。比如，不用上兴趣班的孩子，每天放学后到睡觉之前大约有五个小时的时间，需要上兴趣班的孩子大约有三四个小时。每天的作业量相差不大，正常情况下大约两个小时就能完成。孩子可以据此规划自己的课余时间。

其次，我们要和孩子一起规划课余时间。在这个过程中，我们要遵守三个原则。第一，规划课余时间要以孩子的想法为主导，父母只能给予合理的建议。因为让孩子主导时间的规划，更能激发孩子的时间观念和责任心，主动执行时间表，主动写作业。第二，不能让孩子长时间学习，这样会造成孩子大脑疲劳，降低学习效率。所以，孩子在规划课余时间时，我们要建议孩子分出学习时间和休闲时间，至于休闲时间的长短，可以根据孩子的疲惫程度来定。第三，时间分配不能过于细密琐碎，否则很难实行。孩子安排课余时间时我们要建议他给自己留出短暂的空余时间，如果需要临时做其他事情，空余时间就派上了用场。

安排好课余时间后，我们还要建议孩子将自己的时间计划做成表格，并且每天都要按照这个表格执行。如果孩子在执行的过程中发现问题，我们也要建议他及时做出调整，把时间规划得更加合理。有了课余时间表的约束和引导，孩子会渐渐养成自律、自主的好习惯，学习方面自然不用家长费太多心。

"三级法"解决孩子的作业"选择困难症"

有的孩子写作业时"胡子眉毛一把抓"，抓着哪个就先写哪个，毫无计划可言，没有优先顺序，有时花了大量时间将不重要的作业全部完成，等到快睡觉时才发现，最重要的作业还没有动笔呢。还有的孩子一看到作业就犯"选择困难症"，不知道该从哪一项入手，犹豫间浪费了时间。这两种情况都是孩子缺乏条理性导致的。

茜茜写作业很有方法，每天不用父母操心就能高质量地完成作业。就写作业的顺序问题，她还有理有据地和妈妈讨论过。

妈妈根据自己的经验，建议茜茜先集中精力完成难度较大的数学作业，然后再写其他较为容易的作业，认为这样可以提高学习效率。可是茜茜不认同，她说："我觉得一定要先写自己想写的作业，因为这样我才能产生学习的热情，写其他作业时就不会反感了。"茜茜还拿班上的几位学霸举例子，他们中有好几个都是按照这种顺序写作业的。

茜茜言之凿凿，妈妈也只好同意她的说法。茜茜按照这种方式写了一段时间作业，学习效率的确有了小幅提升，学习积极性也变强了，每天一放学就写她最喜欢的语文作业，然后再写英语作业和数学作业。

数学一直是茜茜的短板，可是自从学习热情提高后，她一直在努力补习数学，希望自己的数学成绩能和语文、英语成绩一样优秀，所以她每次写数学作业时都十分用心。除此之外，她还主动要求妈妈购买适合自己的数学练习册，每天完成老师布置的作业后她还挑选一些练习题做，提升自己的数学水平。经过一段时间的努力，数学短板终于被她补足了。这就是自主学习的强大力量。

老师布置的作业大致分为两类：必做作业和选做作业。必做作业是巩固课堂知识的作业，比如语文作业中的抄写生字词、背诵课文，数学作业中的课后练习题等。选做作业是孩子有余力的情况下需要完成的作业，如预习、积累、能力提升等。

那么，我们如何引导孩子安排好写作业的顺序呢？

首先，我们可以根据老师的建议把作业分为三个等级：

第一级，重要作业，即巩固课堂知识的作业；第二级，次要作业，即预习和积累的作业；第三级，一般作业，即超前学习、自我提升的作业。

其次，我们建议孩子优先完成第一级作业，然后写第二级作业，最后酌情写第三级作业。如果孩子的基础较好，快速完成第一级、第二级作业后还有时间和精力，可以完成第三级作业；如果孩子基础一般或者较差，就不必急于完成第三级作业，而要集中精力做好第一级、第二级作业。这样安排作业顺序，孩子能充分利用时间和精力，从而提高学习效率。

当然，我们也可以建议孩子按照自己的喜好安排作业顺序。比如，孩子可以将作业分为以下三个等级：第一级，孩子最擅长、最喜欢的作业；第二级，孩子不太喜欢但十分重要的作业；第三级，孩子可选做的不重要的作业。

"兴趣是最好的老师。"对于喜欢写的作业，即便我们不催促、老师不要求，孩子也会主动且高质量完成。孩子优先完成第一级作业后，会带着学习热情的余势着手写第二级作业，学习效率自然不会太低。等到第一级、第二级作业完成后，孩子有余力就可以完成第三级作业。孩子这样安排作业顺序，学习热情会持续高涨，从而渐渐养成自主学习的好习惯。

"爬楼梯法"让孩子越写越顺手

考试之前，老师总会提醒孩子们："拿到卷子后要先把试题从头到尾查看一遍，了解试题的难易程度，然后挑简单的题目写，把难题放到最后解决。"这种答题方式好比爬楼梯，先踏上最矮的台阶，然后一步步登上顶楼。父母可以告诉孩子平日写作业时也可以尝试这种方法，既能提高孩子写作业的效率，还能帮助孩子建立自信，爱上学习。

毛豆刚开始写作业就烦躁得直挠头，嘴里还嘟囔着："今天的数学作业怎么这么难啊！"

妈妈听到他的抱怨后停下手里的事情来看了看毛豆的数学作业，发现只有前两道题有难度，其他题目都很简单，可是毛豆没有注意到这一点，而且已经在第一道题上卡了十分钟了。

"妈妈，您能教教我这道题怎么做吗？"毛豆无奈地向妈妈求助。

"我建议你先写其他题目，最后我们再一起讨论这道题。"妈妈劝他。

毛豆听了妈妈的建议，先挑自己会的题目写，很快就解决了大多数题目。过了一会儿，妈妈问他："需要我给你讲一讲那道难题吗？"

毛豆笑着说："不用了，我自己解答出来了！"原来，毛豆在写其他题目的过程中茅塞顿开，找到了前面两道难题的解答方法。

妈妈十分钦佩地说："你太厉害了！这么难的题目都能自己解决！"

毛豆听了这话心里美滋滋的，告诉妈妈："以后在写作业之前我要把所有的题目浏览一遍，先写简单的，这样就不会浪费时间了。"

这本来是妈妈想提醒他的话，谁知被他抢先悟到了。

有的孩子学习基础不好，写作业时一旦因难题而频频受挫后便对学习失去信心。其实，老师布置的家庭作业大多是巩固课堂知识的基础习题，即便是基础不好的孩子，认真复习之后也能独立解决大多数题目。如果孩子写作业效率低，十有八九是被难题缠住了。有的孩子刚开始写作业就遭遇难题拦路虎，与这只"老虎"大战几个回合后，不仅"老虎"没被打败，反而花费了过多时间和精力。这违背了"由简到难、循序渐进"的原则。

哲学家认为，人们是按照"由简到难、由低级到高级"的顺序认识客观事物和理论的，很多教育学家都认可这个观点，并提出"循序渐进"的教育理念，即学习要由简到难，一步步提升。孩子写作业时如果像爬楼梯一样由简单的题目"爬"向较难的题目，这样学习起来压力较小，成就感更高。那么，我们该如何引导孩子用"爬楼梯法"写作业呢？

首先，我们要花几分钟的时间和孩子一起分析各科作业的难易程度。

其次，我们要建议孩子根据难易程度将作业分解为几个小任务，先完成简单的任务，再完成中等难度的任务，最后完成难度较大的任务。先写简单的作业，可以帮助孩子慢慢进入学习状态，起到热身的作用。孩子在热身的过程中将基础知识复习了一番，也是在为接下来解决难题做冲刺准备。

此外，先写简单的题目会让孩子产生自信和学习热情，从而积极努力地向更高目标攀爬。

有的学霸喜欢挑战难题，他们认为刚开始写作业时精力旺盛，应该集中火力先解决难题，等到精力不足时再写简单的题目。这种方法很像下楼梯，最难的作业解决后，孩子面对的题目越来越简单，身心也会越来越放松。但是，这需要孩子有一开始就能踏上最高台阶的实力，倘若出师未捷，孩子的自信受到打击，整个写作业的过程都会不愉快。

对于基础一般的孩子，我们应该建议他们采用"爬楼梯法"写作业。对于学霸型孩子，我们也可以让他们尝试"下楼梯法"写作业。无论孩子使用哪种方法写作业，我们都要给予恰当的引导，让孩子在写作业的过程中充满自信和热情，产生强烈的自主学习意识。

假期作业，亲子携手计划更合理

一到假期，有些孩子就像出笼的"神兽"、脱缰的野马，整颗心都被玩耍占据，如果没有家长的约束，恐怕一个假期都懒得理会作业。众所周知，假期是孩子弯道超车的好机会，如果没有制订合理的假期学习计划，孩子很可能被同龄人甩在身后。

放寒假了，小芸高兴得不得了，计划着要痛痛快快地玩儿一个假期。可是放假第二天妈妈就给她美好的想法浇了一盆冷水。

"现在咱们要制订一个假期学习计划，免得你只顾着疯玩儿，耽误学习。"妈妈说。

妈妈这么说是有原因的。去年暑假，妈妈因为工作忙碌没有监督小芸学习，小芸肆无忌惮地疯玩儿了一个假期，临开学才恶补暑假作业，直到开学前一晚才把作业写完。

由于一个假期都没有好好学习，开学后小芸学习起来很吃力，硬着头皮上了两个月的补习班才追上同学们的学习进度。小芸现在回想起这段经历还有点儿犯怵，只好同意妈妈的提议。

"假期每天学习几个小时？"妈妈问她。

"上学的时候每天要上七节课，假期就上六节吧，大约五个小时。"小芸和妈妈商量道。

随后，她们又商量了每天的作息安排、娱乐时间、假期作业细节、假期复习和预习事项、课外拓展等内容，然后制订了一个假期学习时间表。因为每个环节的时间都安排得比较充裕，小芸几乎每天都能按计划行事。

上午，她用一个小时的时间复习上学期的知识，再用一个小时预习新知识。下午，她用两个小时完成当天的作业任务，再用一个小时进行课外阅读和拓展。只要小芸按时按质完成当天的学习任务，其余的时间就可以自由支配，所以她有大把时间尽情玩耍，整个假期过得既充实又快乐。

此外，妈妈每天都要上班，白天无法监督她学习，只有下班回家后才会检查一下她的学习情况。对于简单的题目，小芸尽量自己解决，遇到难题时，她就做好记录，等妈妈下班后向妈妈请教。经过一个多月的努力，小芸的自主学习能力大大提升，开学后也不用妈妈每天陪写作业了。

放假期间孩子们可以适当放松，增加娱乐时间，但学习绝对不能懈怠，否则开学后会出现"马力"不足的情况，影响孩子在新阶段的学习。为了提升孩子在假期的学习主动性和自律性，我们有必要和孩子携手制订一个合理的假期学习计划。

和孩子一起制订假期学习计划时，我们一定要遵守三个原则：要求不宜过高，要与孩子的实力相符，否则容易打击孩子的学习热情；平衡孩子的生活，让孩子劳逸结合；时间安排得充裕且灵活，便于孩子应对突发事件。

制订假期学习计划，我们首先要让孩子明白假期的三个重要学习任务：一是对学过的知识进行系统复习，为新学期的学习打下坚实的基础；二是预习新知识，提前了解新学期知识点的难易程度，便于开学后有针对性地重点学习；三是培优补差，巩固成绩优异的学科，补习成绩不佳的学科，把自己打造为全能选手。

了解了这些要点后，我们才能和孩子一起商讨具体的学习计划。计划内容应包括学习时间、具体学习内容和课外拓展内容。

孩子每天的学习时间约为五六个小时，不能集中在上午或者下午，而且要将学习时间与娱乐时间相互交叉，让孩子在学习之余得到放松。不过，每次娱乐时间最好不要超过二十分钟，否则孩子无法快速收心完成下一个学习任务。

　　具体学习内容包括复习、预习和完成假期作业。我们要建议孩子将所有的学习任务进行归纳总结，然后合理分配到每一天。比如假期作业，有的孩子喜欢在短时间内集中完成所有的假期作业，把剩下的时间用来玩耍，这种写作业的方式并不正确。写假期作业是一个巩固知识的过程，将假期作业合理分配到每一天，就相当于每天都在巩固数量不多的知识点，孩子的学习压力会降低，自主学习意识会增强，效率也更高。

　　课外拓展内容包括课外阅读、兴趣班、社会实践等。这类作业是为了拓宽孩子的眼界，让孩子了解更多课本以外的知识，提升综合能力。

　　简而言之，假期是培养孩子自主学习的好时机，我们要积极引导孩子制订假期学习计划，让孩子在自己的安排下有效学习、快乐学习。

第 **8** 章

学习没方法——"金钥匙"
引导孩子变被动为主动

作文：教孩子在积累中提升写作水平

为什么有的孩子提笔一挥就是一篇好文章，而有的孩子闷头半日却只挤出几句索然无味的白话呢？唐代诗人杜甫曾说："读书破万卷，下笔如有神。"这句话无疑给父母指了一条明路：想让孩子妙笔生花，就要引导孩子读"万卷书"，积累大量的字词、语句和写作素材。

朵朵从前写作文就像挤牙膏，连编带抄一两个小时才能勉强凑出一篇完整的文章，每次写作文时她都十分头疼。不过现在，朵朵已经不再惧怕作文了，时不时还会主动写一两篇日记过过瘾呢。

她的蜕变源于妈妈赠送的一个笔记本。

妈妈了解到，朵朵之所以成为"作文难民"是因为肚子里的"墨水"太少，而改变这种情况最高效的方法就是积累。为此，妈妈送给朵朵一个精美的笔记本，让她用来摘抄在阅读时看到的好词、好句和好段。妈妈和她约法三章：每个星期最少摘抄两页，每天都要复习、记忆摘抄的内容，每次写作文都要尝试把这些内容运用到自己的文章里。

朵朵不知道这个方法能否提升自己的写作水平，但她很喜欢这个笔记本，于是高兴地接受了妈妈的建议。她增加了课外阅读的时间，认真摘抄好词、好句和好段，还时常翻看自己的劳动成果并尝试着把它们融入自己的作文里。

坚持了一个学期之后，朵朵的作文水平大有长进。写作文时她不再苦思冥想，而是提笔就有话写、有词用，写作速度也大大提高，语文老师对她夸赞不已。这让朵朵一发不可收地爱上了写作文，除了认真完成老师布置的作文之外，还会主动写文章抒发自己的情感、记录自己的感悟等。

看到孩子为写作文发愁，很多父母的内心也是五味杂陈。因为有的父母在上学时也曾被作文逼得抓耳挠腮。如今同样的事情发生在孩子身上，我们能帮孩子做点儿什么呢？

其实，大多数孩子作文不好是积累不足导致的。他们的头脑中没有足够的素材，所以写作时思路堵塞；他们没有能够脱口而出的好词好句，所以写作时语竭词穷；他们阅读量少、知识面窄，所以写作时找不到新颖的立意。各种原因综合起来，导致他们写出的文章味同嚼蜡。因为写作能力差，有的孩子一提写作文就紧张不安，就像要接受刑罚一般。我们想提升孩子的写作水平，让孩子平和、愉悦地面对作文类作业，就要及时引导孩子在日常生活和学习中不断积累各种作文素材。

好作文需要好语言来包装。想让孩子的文章看起来更有文采，我们要做到以下两点。

一是鼓励孩子多阅读，包括宽泛的阅读和有针对性的分类阅读。宽泛的阅读可以增长孩子的见识，让孩子知道更多名人故事、生活道理、哲学、历史知识等，这些素材都可以用来丰富孩子的作文内容。有针对性的分类阅读则是引导孩子在某个阶段专门阅读同一类型的文章、书籍等，让孩子对某个主题、类型的文章有充分的了解，写作时自然文思泉涌。

二是建议孩子多摘抄、多记忆。阅读可以打开孩子的眼界，但写作文不只需要思路和眼界，还需要扎实的语言功底，所以孩子要在平时多摘抄、记忆好词好句，比如成语、名言警句、歇后语、经典诗句、优美句段等，这样孩子写作文时才能文采斐然。

好作文也需要真实的情感来支撑。想让孩子的文章有深度、有内涵，我们就要鼓励孩子多多积累生活素材。生活素材包括孩子的亲身经历、体会、感悟以及他人的经验、故事等。比如，放过风筝的孩子写关于放风筝的文章时会更有真情实感，做过家务的孩子写关于劳动的文章时文辞更真切。我们多带孩子体验生活、认识社会，孩子就能积攒更多作文素材，写作文时就更轻松、更主动。

孩子积累了丰富的写作素材后，还要有丰富的写作经验，这样作文就会写得既好又快。比如，我们可以鼓励孩子写周记、写随笔、写诗歌等，让孩子自由发挥，将自己的所思所想所感记录、表达出来，这样既能记录自己的成长，也能锻炼写作水平。要让孩子习惯写作、爱上写作，而不是将写作文当作一件苦差事。

阅读题：三招帮孩子告别无从下手的窘境

语文阅读题考察的是孩子的理解、分析能力和语言运用能力，如果孩子的这些能力有所欠缺，做阅读题时就会非常棘手。不过，凡事都有解决办法，只要孩子学会三招，再难的阅读题最终也会成为孩子的得分项。

小妮做阅读题时总会犯同一个错误——答非所问。妈妈经常问她："你每次做题时都不读问题、不读文章吗？"

"我读了……"小妮的确阅读了问题和文章，但她是带着恐惧心理阅读的，根本没有深入思考文章到底讲了什么、题目到底问了什么。

"冰冻三尺，非一日之寒"，小妮对阅读题的恐惧也是长期形成的。以前，她几乎每次写阅读题时都无从下手，即便写完了也会错大半，考试时阅读题也是主要丢分项。在老师的批评和妈妈的责备中，小妮渐渐对阅读题产生了

"过敏"反应：无论问题简单与否，她都觉得难度很大，而且经常答非所问，因为很多答案并非她从文章中找到的，而是自己胡编乱造的。

妈妈开始自我反省，她认为小妮的挫败感有一半是源于自己的责备。要想彻底改变小妮的现状，就必须帮小妮重拾信心。

妈妈不再直接向小妮传授做题技巧，而是先带着小妮阅读文章，然后和小妮一起设计问题，让小妮体验出题人的意图。小妮渐渐意识到，原来阅读题中的每一个问题都有很强的针对性，几乎每个问题都在考察一个甚至多个知识点。有了这个意识后，小妮不再害怕阅读题，而是一边巩固基础知识一边钻研答题技巧，最后居然总结出几个屡试不爽的做题方法。小妮越来越喜欢做阅读题，因为她在这个过程中找到了自信。

孩子不会做阅读题的原因主要有两个：一是不了解问题的意图，二是不知道做题技巧。想让孩子了解问题的意图，我们可以找一些简单的文章和孩子一起阅读，并给文章设计恰当的问题，让孩子在扮演出题者的角色中找到阅读题的考察点，激发孩子做阅读题的兴趣。

至于做题技巧，一位经验丰富的语文老师说："大多数阅读题就像计算题一样简单直接，只要认真读、找准答题角度、组织好答题语言就能做对三分之二的问题。"简而言之，就是要学会以下三招。

第一招，认真读文章和题目。读文章要求孩子全面理解文章大意，把握文章的中心思想；读题目要求孩子读懂题目的具体要求，抓住问题的关键。此外，语文老师建议孩子采取"倒读法"，即先读题目后读文章，这样可以让孩子带着明确的目的阅读文章，从而集中精力在文章中寻找关键信息，能节省阅读时间。

第二招，联系文章思考，找准答题角度。明确文章大意和读懂题目后，我们就要引导孩子联系上下文思考问题，而不是盯着问题的苦思冥想。方法有两种：一是让孩子与作者换位思考，站在作者的角度思考题目的核心；二是建议孩子将生活与文章进行结合，深刻理解文章的内涵和题目的意图。这样孩子才能立足中心，找到正确的答题方向。

第三招，组织答题语言。孩子答题时要有条理、有依据，首先列出自己的核心观点，然后组织语言论证观点。只要孩子的答题方向正确，语言观点清晰、层次分明，得分率就会大大提高。不过，这种能力需要孩子在平日里积极练习和积累。

记忆类作业：就让孩子用高效背诵法

很多教育学家认为，学习和记忆就像一对孪生兄弟，没有学习，记忆的作用就会大打折扣；没有记忆，学习也就失去意义。因此，各科老师经常给孩子布置记忆类作业，让孩子不断巩固基础知识。但问题是，有的孩子缺少记忆方法，每次做这类作业都一个头两个大。

小青上三年级后遇到一个大问题——背诵作业完成起来十分困难，花了很长时间都背不下来，因为现在需要背诵的课文比一二年级时的更长、更难。妈妈最初很不理解，为什么一二年级能快速背诵很多知识点的小青现在却这么"笨"，她尝试过用批评的方法刺激小青提高背诵效率，可不但毫无效果，还让小青丧失了自信。

这一次，妈妈特意总结了几个常用的背诵方法，打算把它们传授给小青，助她重拾信心战胜背诵类作业。

"课文很难背吧？咱们换个方法。"妈妈对闭着眼睛死记硬背的小青说。

"能有什么方法呢？我根本记不住。"小青垂头丧气地说。

"课文你已经读熟了吗？"妈妈边问边拿出纸和笔。

"读熟了。"小青回答。

"那就好。"妈妈把纸和笔递给小青，接着说："咱们先背诵第一段，现在你从第一段的每一行中挑几个重要词语按顺序写在这张纸上。"

小青不知道妈妈是什么意思，但还是照做了。

"好了，现在把书合上，试一试看着这些词语背诵第一段。"妈妈对她说。

小青合上书，看着纸上的几个词语慢慢回忆课文内容，还别说，这一次她几乎把第一段的内容全部记住了。小青很兴奋，又用同样的方式背诵第二段、第三段和第四段，效率提高了很多。

"这就是关键词提示法，只要找准关键词，背诵课文根本不用发愁。"妈妈笑着对小青说。

小青高兴极了，连忙向妈妈询问其他的背诵方法。妈妈耐心地向她介绍了故事联想法、画图背诵法、对比背诵法等。小青学着用这些方法完成各种背诵作业，效率大大提升，重新找回自信。一次背诵古诗时，她还发明了一种唱歌记忆法，把古诗编进自己喜欢的歌曲中，唱着唱着就把古诗背熟了。

　　为什么孩子的背诵效率很低呢？原因主要有以下五个。

　　第一，孩子记忆力不好，即便背诵很短的内容也要花很长时间；第二，孩子缺乏自信，每次背诵知识点时头脑中都有"我不行"这样的潜意识在捣乱；第三，孩子不理解背诵的内容，没有掌握其内在的逻辑关系；第四，孩子缺乏背诵的热情，对背诵这件事不感兴趣；第五，孩子缺乏技巧，只会死记硬背。无论孩子属于哪种原因，只要掌握了高效的背诵方法，困难都会迎刃而解。

　　常用的高效背诵法包括关键词提示法、画图背诵法、歌诀记忆法、故事联想法、反复记忆法、理解记忆法等。我们要针对孩子的记忆特点向孩子推荐恰当的背诵方法，让孩子受益终生。

　　如果孩子的记忆力不太好，可以教给他反复记忆法和关键词提示法。反复记忆就是多次记忆，可以是长期反复记忆，也可以是短时间内多次记忆。如背诵数学概念，如果需要在半个小时内熟练背诵，可以把半个小时分为六个五分钟，每四分钟背诵一次，休息一分钟之后继续背诵四分钟，直到时间结束为止。成功将知识背诵下来后，我们还要引导孩子每隔一段时间重复记忆一次，这样能记得更牢固。

记忆力不好的孩子也可以使用关键词提示法。首先我们要引导孩子从背诵内容中找出几个关键词并将它们按顺序排列好，然后让孩子看着关键词记忆内容。使用这个方法的前提是，孩子必须对背诵的内容非常熟悉，看到相关词语能联想起整个句子，否则使用效果不佳。

如果孩子缺乏背诵的热情，可以教给他故事联想法，即把需要背诵的内容编成故事来记忆。比如背诵没有逻辑关系的知识时，我们可以引导孩子想象一个生动的故事情节，然后将要背诵的内容编入故事中，记住这个故事，孩子也就记住了要背诵的内容。

为了激发孩子的背诵兴趣，鼓励孩子主动背诵、高效背诵，我们还可以引导孩子自己发明背诵方法。使用自己的独门背诵秘籍，孩子的主动背诵意识会更强，自主学习的能力自然也就提高了。

计算类作业：速度＋细心，让孩子不再出错

数学是以计算为基础的学科，几乎所有的数学知识都离不开计算。计算并不难，难的是如何提高正确率。可是，小学阶段的孩子注意力持续时间短，观察事物缺乏整体意识，容易出现记忆性错漏，所以他们经常看错数字、抄错题目等。有些孩子非常细心，但是计算速度太慢。我们该如何解决孩子这些在计算方面的问题，使孩子高效完成计算类作业呢？

小壮是个急性子，每次写作业都火急火燎，虽然速度很快，但正确率很低。这天，妈妈看着小壮的数学作业本生气地说："32+45=79，你是怎么算的呢？还有这道题，你连加减号都看错了！再看这个，明明竖式算对了，答案却抄错了……"

小壮看着自己的作业本，十分羞愧地挠着后脑勺。

"你为什么总是算错呢？难道没有验算、没有检查吗？"妈妈十分不解地问。

"验算多麻烦啊！太浪费时间了！"小壮性子急，能口算的绝不笔算，能简算的绝不按规矩算，但他的口算能力和简算技巧都不好，所以才频频出错。

妈妈意识到，一定要磨一磨小壮的急性子，否则他在未来的学习中会吃大亏。

于是，妈妈给小壮提了三个要求：第一，计算前要把题目读三遍，保证不会看错数字和符号；第二，复杂的题目口算后要认真验算，保证计算正确；第三，完成作业后及时检查，以免出现抄错答案的情况。

小壮最初执行这几个要求时有些困难，但坚持一段时间后效果显著，计算题的错误率降低了很多。

计算需要严谨，任何一点儿闪失都会直接影响结果，要想让孩子高效、高质完成计算类作业，我们就要在平日里加强训练，让孩子算得更迅速、更准确。

首先，我们要引导孩子正视并重视计算，不要认为计算只是简单的"死题目"。计算贯穿数学学习的整个过程，无论是填空题、判断题、选择题还是应用题，都需要计算辅助解决。要想高效完成数学作业，就必须提升计算能力。

　　其次，我们要教给孩子快速、准确计算的步骤。孩子想做好计算题，必须做到"审、验、检"这三个步骤。"审"是审题，看对题目才能算对结果；"验"是验算，当孩子遇到复杂的计算题时，要提醒他不能过于相信自己的口算能力，要动笔在演算纸上验算，而且验算草稿不能太潦草，否则孩子容易看错数字；"检"是检查，要让孩子养成及时检查的好习惯。按照这三个步骤走，孩子就能自主完成作业，算错题的概率也会大大降低。

　　最后，我们要有目的地训练孩子的口算能力和简算能力。口算可以分为口头训练和书面训练。我们可以将这两种训练方式交叉使用，每天坚持十分钟，孩子的口算能力会飞速提升。

　　简算能力就是将计算过程简单化的能力。想提升孩子的简算能力，我们就要传授孩子几招简算方法，如凑整法、交换运算法、结合运算法、借还法、拆分法等。我们可以每周集中训练孩子的某种简算方法，让孩子将方法运用得更加娴熟。

应用题：巧用四招，把拦路虎变成纸老虎

有人问："上学时你最怕哪个学科？"很多孩子和家长都回答："数学。"数学的确很难，无论是计算、逻辑思维，还是空间概念等，都需要孩子认真学习、刻苦训练。孩子们对数学的恐惧大多源于小学阶段的应用题，"鸡兔同笼""路程问题"等难题更是直接让孩子对数学敬而远之。

"你写的是什么？你到底有没有认真读题啊？"妈妈又开始训阿杰了，因为他的应用题作业写得乱七八糟。

"我读了呀！"阿杰嘟着嘴，一脸不高兴地说。他最不喜欢写应用题作业了，每次写不对都要被妈妈训斥。

妈妈强压着心中的怒火，放低音量对阿杰说："你不能总是依赖我，要学会自己分析题目，自己解决问题。"

"可是，我读不懂……"阿杰说。

起初妈妈以为他只是粗心，没有认真读题，现在她才

明白，原来阿杰根本不理解题目的意思。妈妈想了想，决定换个方法教他。

"阿杰，你觉得这道题的关键词是什么？用笔画出来。"妈妈说。

阿杰拿起笔，开始寻找题目中的关键信息，包括数字、比、多、少等。

"那么，这些数字是什么关系呢？"妈妈继续引导着问道。

"问题是'一共有多少'，所以它们应该是相加的关系。"阿杰思考着回答。

"你说得很对！现在你就要找一找，到底应该把谁和谁相加。"妈妈说。

阿杰带着这个问题又把题目读了几遍，不断思考题目要求和这些数字表达的意思。妈妈提醒他："你可以把自己的分析列出来，这样更方便解答。"

阿杰开始拆解题目，把每个条件都列出来，寻找它们与问题的关系，终于想出了解题方法。

数学中的应用题好比语文中的作文，地位非常重要。

想提升孩子解决应用题的能力，可以试一试下面四招。

第一招，读题，画出关键信息。解答应用题，理解题目的意思是关键。所以孩子要反复读题目，直到理解题目大意为止。随后，我们还要引导孩子画出题目中的关键词，让孩子对题目有更深刻的理解，把握题目的主要意图。

第二招，寻找数量关系。想知道题目中各个数量之间的关系，就要从问题入手。比如，问题是谁比谁多、谁比谁少，那么数量之间就是相减的关系。确定数量关系后，孩子就可以去题目中寻找具体的数量，然后列算式将数量关系表达出来。

第三招，检查。很多孩子以为列完算式、算出结果就万事大吉了，其实还有很多细节需要检查。比如计算结果是否正确，计算结果后面是否写了单位，是否有总结性的作答语等。一般情况下，低年级的应用题不要求作答，但三四年级之后，孩子写应用题时就要养成作答的习惯，否则容易在正规考试中失分。

第四招，多做题。多做题并非让孩子搞题海战术，而是让孩子拓宽眼界，了解同类题的各种题型，让孩子在变幻的题型中锻炼思维，学会举一反三。

巧用这四招，孩子就能慢慢学会自主解决应用题，从而将这个数学学习路上的拦路虎变成纸老虎。

附 录

7 天不用督促的学习养成计划

（学习清单）

月　日	星期	天气

语文	1 ⋯⋯⋯⋯⋯⋯⋯⋯⋯⋯⋯⋯⋯⋯⋯⋯⋯ ☐	
	2 ⋯⋯⋯⋯⋯⋯⋯⋯⋯⋯⋯⋯⋯⋯⋯⋯⋯ ☐	
	3 ⋯⋯⋯⋯⋯⋯⋯⋯⋯⋯⋯⋯⋯⋯⋯⋯⋯ ☐	
	4 ⋯⋯⋯⋯⋯⋯⋯⋯⋯⋯⋯⋯⋯⋯⋯⋯⋯ ☐	
数学	1 ⋯⋯⋯⋯⋯⋯⋯⋯⋯⋯⋯⋯⋯⋯⋯⋯⋯ ☐	
	2 ⋯⋯⋯⋯⋯⋯⋯⋯⋯⋯⋯⋯⋯⋯⋯⋯⋯ ☐	
	3 ⋯⋯⋯⋯⋯⋯⋯⋯⋯⋯⋯⋯⋯⋯⋯⋯⋯ ☐	
	4 ⋯⋯⋯⋯⋯⋯⋯⋯⋯⋯⋯⋯⋯⋯⋯⋯⋯ ☐	
英语	1 ⋯⋯⋯⋯⋯⋯⋯⋯⋯⋯⋯⋯⋯⋯⋯⋯⋯ ☐	
	2 ⋯⋯⋯⋯⋯⋯⋯⋯⋯⋯⋯⋯⋯⋯⋯⋯⋯ ☐	
其他	1 ⋯⋯⋯⋯⋯⋯⋯⋯⋯⋯⋯⋯⋯⋯⋯⋯⋯ ☐	
	2 ⋯⋯⋯⋯⋯⋯⋯⋯⋯⋯⋯⋯⋯⋯⋯⋯⋯ ☐	

学校通知（备忘）：

开始时间：　时　分	完成时间：　时　分
评语 / 心得：	家长签字：

		月 日	星期	天气

语文	1..	☐
	2..	☐
	3..	☐
	4..	☐
数学	1..	☐
	2..	☐
	3..	☐
	4..	☐
英语	1..	☐
	2..	☐
其他	1..	☐
	2..	☐

学校通知（备忘）：

开始时间： 时 分	完成时间： 时 分
评语 / 心得：	家长签字：

		月　日	星期	天气

语文	1 .... ☐
	2 .... ☐
	3 .... ☐
	4 .... ☐

数学	1 .... ☐
	2 .... ☐
	3 .... ☐
	4 .... ☐

英语	1 .... ☐
	2 .... ☐

其他	1 .... ☐
	2 .... ☐

学校通知（备忘）：

开始时间：　　时　　分	完成时间：　　时　　分

评语／心得：	家长签字：

	月　　日	星期	天气

语文	1.. ☐
	2.. ☐
	3.. ☐
	4.. ☐

数学	1.. ☐
	2.. ☐
	3.. ☐
	4.. ☐

| 英语 | 1.. ☐ |
| | 2.. ☐ |

| 其他 | 1.. ☐ |
| | 2.. ☐ |

学校通知（备忘）：

开始时间：　　时　　分	完成时间：　　时　　分

评语 / 心得：	家长签字：

月　日	星期	天气

语文
1.................................. ☐
2.................................. ☐
3.................................. ☐
4.................................. ☐

数学
1.................................. ☐
2.................................. ☐
3.................................. ☐
4.................................. ☐

英语
1.................................. ☐
2.................................. ☐

其他
1.................................. ☐
2.................................. ☐

学校通知（备忘）：

开始时间：　时　分	完成时间：　时　分

评语／心得：	家长签字：

	月　　日	星期	天气

语文	1................................ ☐ 2................................ ☐ 3................................ ☐ 4................................ ☐	
数学	1................................ ☐ 2................................ ☐ 3................................ ☐ 4................................ ☐	
英语	1................................ ☐ 2................................ ☐	
其他	1................................ ☐ 2................................ ☐	

学校通知（备忘）：

开始时间：　　时　　分	完成时间：　　时　　分
评语 / 心得：	家长签字：

学习内驱力：你的孩子可以自主学习

月　　日	星期	天气

语文	1... ☐ 2... ☐ 3... ☐ 4... ☐	
数学	1... ☐ 2... ☐ 3... ☐ 4... ☐	
英语	1... ☐ 2... ☐	
其他	1... ☐ 2... ☐	

学校通知（备忘）：

开始时间：　　时　　分	完成时间：　　时　　分
评语 / 心得：	家长签字：